HÄDECKE

Wilder Mix

Grüne Smoothies & Desserts mit Wildpflanzen

Dr. Markus Strauß

NATUR & GENUSS

Hinweis

Die hier genannten Pflanzeninformationen wurden sorgfältig recherchiert und nach bestem Wissen und Gewissen wiedergegeben. Die Hinweise zu den Heilwirkungen der Pflanzen ersetzen aber in keinem Fall den Rat und die Hilfe eines kompetenten Arztes oder Heilpraktikers. Der Verlag und der Autor übernehmen keine Haftung für Schäden, die durch unsachgemäße Anwendung der dargestellten Behandlungs- und Zubereitungsmethoden oder durch falsche Nutzung der Wildpflanzen entstehen, und übernehmen auch keinerlei Verantwortung für medizinische Forderungen.
Die Sammlung und Ernte der hier vorgestellten essbaren Pflanzen sollte weder in Naturschutzgebieten noch am Rande stark befahrener Straßen erfolgen.

Impressum

4 3 2 1 | 2017 2016 2015

Redaktion und Lektorat: Julia Genazino
Bildnachweis: alle Bilder Michael Brem, Leonberg mit Ausnahme der Seiten 39, 55 und 73 (Beat Ernst, Basel); 57 (Sigrun Bopp/Universität Ulm, Systax-Datenbank, www.systax.org); 41 (Thinkstock/eurobanks), 45 (Thinkstock/StudioBarcelona) und 61 (Thinkstock/ewastudio).
Gestaltung, Grafiken, Styling und Satz: Julia Graff (Florale Illustrationen nach Vorlage von www.idealhut.com, Icons unter Verwendung einer Grafik von www.vecteezy.com)

Gesetzt aus der Zag (Svetoslav Simov/Fontfabric) und Relato Sans (Eduardo Manso/Emtype Foundry)

Printed in Germany 2015
Gedruckt auf chlorfrei gebleichtem FSC®-Papier aus nachhaltiger Forstwirtschaft und Holz aus kontrollierter Herkunft.

ISBN 978-3-7750-0689-7

Abkürzungen und Mengenangaben

°C – Grad Celsius	**g** – Gramm	**mg** – Milligramm
EL – Esslöffel	**TL** – Teelöffel	**Msp** – Messerspitze
m – Meter	**cm** – Zentimeter = 0,01 Meter	**mm** – Millimeter
l – Liter	**ml** – Milliliter = 0,001 Liter	

Bei den Löffelangaben handelt es sich immer um das gestrichene Maß.

Die Rezepte für Smoothies ergeben – sofern nicht anders vermerkt – etwa 800 ml, was vier großen Trinkgläsern entspricht: Die gewünschte Menge je nach Bedarf einfach halbieren oder vierteln.

Inhalt

Wilde Mix-Tipps für den Alltag

→ Mit nur zwei Sammelspaziergängen pro Woche können Sie schon einen wesentlichen Teil der *Selbstversorgung mit Wildpflanzen* gut bewerkstelligen: etwa mit einem ausgiebigen Sammelspaziergang am Wochenende und einem kürzeren unter der Woche. Nach dem Sammeln werden die Wildkräuter gewaschen, noch leicht feucht in Vorratsdosen verpackt und im Kühlschrank gelagert. Damit hat man für mindestens zwei bis drei Tage Vorrat.

→ Ein guter und ernährungsphysiologisch wertvoller Smoothie wird *aus frischen Zutaten* hergestellt und sollte natürlich auch möglichst frisch genossen werden. Es ist also besser, jeden Tag einen neuen Smoothie zuzubereiten als nur jeden zweiten Tag. Andererseits verzehrt man lieber einen gelagerten Smoothie als gar keinen. Hier gilt es, je nach Situation abzuwägen.

Warum „Wilder Mix" und Smoothies?

- spielend leicht mehr Rohkost verzehren
- gleichzeitig viel Flüssigkeit aufnehmen
- der pflanzlichen Kost besser verfügbare Vitalstoffe entnehmen, weil die Zellwände vom Mixer aufgebrochen werden
- die ganze Frucht verzehren
- einfach und schnell zubereiten
- den puren, natürlichen Geschmack genießen

→ In frischen Smoothies sind noch alle Vitalstoffe vorhanden. Sie lassen sich aber auch über Nacht im Kühlschrank aufbewahren und sind am zweiten Tag noch immer genießbar.

→ Ideal für *Aufbewahrung* und Transport sind Glasflaschen mit breitem Hals und Schraubdeckel, beispielsweise Milch- oder Sahneflaschen. Daraus lassen sich auch dickflüssige Smoothies gut ausgießen. Zudem ist die anschließende Reinigung mit einer Flaschenbürste einfacher.

→ In der Regel bildet sich im Smoothie schon nach kurzer Zeit eine dickflüssigere, obere Schicht sowie eine wässrigere, untere Schicht: Die Flasche vor dem Verzehr einfach kurz durchschütteln.

→ *Für wärmende Smoothies,* beispielsweise im Winter, eignet sich eine großzügige Portion frische Ingwerwurzel oder Ingwerpulver. Weitere Heißmacher, die den gesamten Stoffwechsel anregen, sind Chilipulver, Zimt und Kurkuma.

→ *Für kühlende Smoothies* und kalte Sommersuppen (Gazpachos) einen Teil der im Rezept angegebenen Wassermenge in Form von Eiswürfeln dazugeben. Obst und Gemüse können Sie im Kühlschrank vorkühlen.

Warum grüne Smoothies?

- grüne und rohe Pflanzenteile sind heute das größte Defizit in unserer Ernährung
- das grüne „Pflanzenblut" Chlorophyll ist fast identisch mit dem roten Hämoglobin im menschlichen Blut
- in grünen Pflanzen findet sich eine Fülle an gesunden Vitalstoffen wie Antioxidanzien, Vitamine, Bitter- und Gerbstoffe, Mineralstoffe und Spurenelemente, Ballaststoffe und vieles mehr

→ Eine besonders *cremige Konsistenz* erhält ein Smoothie durch Zutaten wie Bananen, Avocados, Kokosnuss, -milch oder -mus, Indische Flohsamenschalen, Chiasamen, Mandeln, Hasel- und Walnüsse oder Leinsamen.

→ Gekaufte *Fruchtsäfte* sind für Smoothies weniger zu empfehlen. Die konzentrierten Lebensmittel besitzen nicht mehr dasselbe Spektrum an Inhaltsstoffen und enthalten zudem weniger Ballaststoffe und sekundäre Pflanzenstoffe. Einzige Ausnahme: Wer Fertigsäfte als Süßungsmittel bei Rezepten einsetzen möchte, achtet am besten auf vollwertige Produkte und Zutaten aus ökologischer Herkunft. Allerdings kann bei den Rezepten in diesem Buch gut auf Saft verzichtet werden.

→ *Milch* ist ebenfalls keine geeignete Smoothie-Zutat. Unser Körper kann die artfremde und durch Hitze denaturierte Milch nur schlecht oder gar nicht verdauen. Und wenn es um die Kalziumzufuhr geht, schneiden beispielsweise Brokkoli oder Blattsalat in der Verwertbarkeit für den Körper besser ab.

→ *Öle* oder *Nüsse* können sinnvoll sein, um die Aufnahme von fettlöslichen Vitaminen zu verbessern. Dazu dem Smoothie ein bis zwei Nüsse oder etwas hochwertiges Leinöl oder Sanddorn-Fruchtfleischöl hinzufügen. Wenn der Smoothie dagegen morgens „gefrühstückt" wird, ist er möglichst ohne Nüsse zuzubereiten, um die Ausscheidungs- und Entgiftungsvorgänge im Körper nicht zu bremsen. Bei Dessertcremes, Suppen, Gazpachos und Pestos gehören Nüsse und Öle dagegen oft zu den wichtigsten Grundzutaten.

→ *Getreide* oder *Flocken* sind wegen der zusätzlichen Kohlenhydrate für einen Smoothie nicht empfehlenswert.

→ Auch *viele süße Obstarten* wie Banane und Birne stecken voller Kohlenhydrate (Fruktose) und sollten daher so gering wie möglich dosiert werden. Sie sind eher als Süßungsmittel zu verstehen. Die Rezepte in diesem Buch sind entsprechend konzipiert, sodass ein möglichst geringer Glykämischer Index (GI) erreicht wird. Beerenobst enthält hingegen relativ wenig Fruchtzucker und kann reichlich genossen werden!

Warum essbare Wildpflanzen mixen?

- es sind die gesündesten, natürlichsten, reinsten und ehrlichsten Lebensmittel
- sie wachsen auf ausgeruhten, lebendigen Böden (z. B. Wald, Streuobstwiese, Hecke)
- ohne Züchtung
- ohne Gentechnik
- ohne Dünger
- ohne Agrarchemie
- keine langen Transportwege
- keine Verpackung, kein Müll
- absolute Frische
- als regionale und saisonale Ressourcen

Das Natur-Genuss-Prinzip:

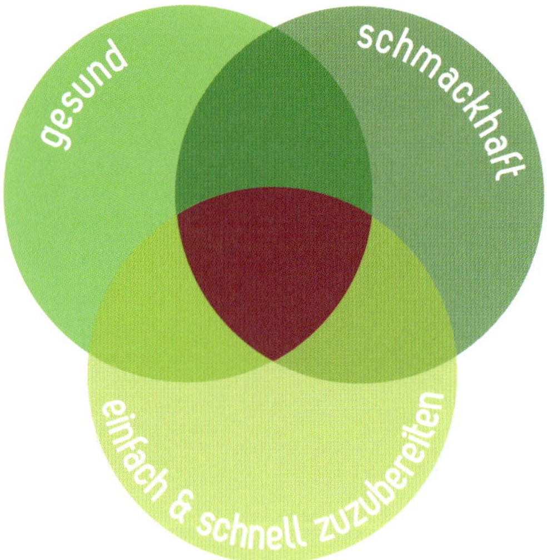

Vergleich von Kulturgemüse und Wildgemüse*	Wassergehalt in %	Eiweiß g/100g	Kalium · K mg/100g	Phosphor · P mg/100g	Magnesium · Mg mg/100g	Calcium · Ca mg/100g	Eisen · Fe mg/100g	Vitamin C mg/100g	Provitamin A (Beta-Carotin): in µg Retinoläquivalenten/100g
Chinakohl	95,4	1,3	202	0	11	40	0,6	36	13
Weißkraut	92,1	0,2	227	27,5	23	46	0,5	46	7
Kopfsalat	95,0	0,6	224	33	11	37	1,1	13	130
Spinat	91,6	2,1	**633**	55	58	126	4,1	52	700
Gänseblümchen	87,5	2,6	600	88	33	190	2,7	87	160
Brennnessel	**84,8**	5,9	410	**105**	**71**	**630**	**7,8**	**333**	**740**
Giersch	87,2	**6,7**	510	88	67	230	4,3	201	684
Löwenzahn	89,9	3,3	590	68	23	50	1,2	115	384

* Quellen: W. Franke, Wildgemüse (AID 1987, Seite 8–11) und Hamburgische Landwirtschaft und Forsten (Statistik aus dem Jahr 2010): Werte für Giersch (Wasser, K, P, Mg, Ca, Fe) und Löwenzahn (Provitamin A).

So wird wild gemixt!

Zunächst bereiten Sie alle frischen Zutaten so vor, wie es im folgenden Abschnitt und auf der vorderen Umschlagklappe aufgeführt ist. Beim Einfüllen beachten Sie die Reihenfolge, die auch jeweils in den Rezepten vorgegeben ist: Als erste Zutat kommen immer die leichten Bestandteile, also grüne Blätter, Wildkräuter, Salate oder Blattgemüse. Sie liegen somit auf dem Boden des Mixbehälters beziehungsweise auf dem Messer. Dann folgen die kompakteren, schwereren Obst- oder Gemüsestücke. Diese drücken das meist voluminöse „Grünzeug" auf das Messer und verhindern, dass dieses in einem mit Luft gefüllten Hohlraum durchdreht. Zuletzt geben Sie weitere Zutaten wie Kräuter, Gewürze, Süßungsmittel oder „Superfoods" dazu und füllen entsprechend mit reinem Wasser (siehe Seite 8) auf. Dann den Becher mit dem Deckel fest verschließen – jetzt wird gemixt! Je nach Leistungsstärke des Motors beträgt die Mixzeit etwa ein bis zwei Minuten, dann können Sie Ihren frischen Smoothie, das Dessert oder die kalte Suppe schon genießen. Bei der Zubereitung von Pesto ist das Verfahren ähnlich: zuerst die grünen Kräuter, dann die Nüsse und das Öl.

- Reihenfolge beim Einfüllen beachten
- mit leichten Bestandteilen beginnen
- weiter mit kompakten, schweren Bestandteilen
- anschließend Kräuter, Gewürze, Superfoods
- zuletzt reines Wasser dazugießen (bei den meisten Rezepten)

Die Zutaten richtig vorbereiten

Grüne Wildpflanzen, Kräuter und Salate besitzen wasserlösliche Vitamine, Mineralstoffe und andere Pflanzeninhaltsstoffe, daher immer nur gründlich abbrausen, aber nicht „wässern".
Gemüse und Obst aus kontrolliert biologischem Anbau muss man nicht schälen. Gerade in der Schale stecken viele wichtige Inhaltsstoffe. Bei Wurzelgemüse reicht es beispielsweise aus, Möhren & Co abzubrausen und dabei mit einer Gemüsebürste zu säubern.
Um zu vermeiden, dass Bananen, Äpfel oder Avocados braun anlaufen, diese immer erst kurz vor der Verarbeitung zerkleinern. Zitronensaft verhindert z.B., dass das Fruchtfleisch oxidiert.
Einige Vitamine sind auch licht- und luftempfindlich, beispielsweise Vitamin C. Bereits vorbereitetes Obst und Gemüse daher nicht lange liegen lassen. Oder in luftdichten Behältern verschließen und kühl lagern – oder erst kurz vor dem Verzehr bearbeiten.
Gegenüber Tiefkühlkost sind frische Produkte vorzuziehen. Ausnahmen können z.B. Beeren sein. Das gilt im Winter oder wenn beim Einkauf nur unreife Früchte zur Auswahl stehen. Der Reifezustand ist maßgeblich für den Gehalt an Vitalstoffen!

Was ist „reines Wasser"?

In den Rezepten in diesem Buch wird ausschließlich „reines Wasser" verwendet. Damit ist kein Leitungswasser gemeint. Dieses wird zwar gemäß der Trinkwasserverordnung in Deutschland auf mindestens 43 Stoffe überprüft, enthält aber dennoch Rückstände aus der Agrarchemie. Neben Insektiziden, Herbiziden, Fungiziden und Nitrat sind dies Medikamente aus Massentierhaltung und Humanmedizin, hormonaktive Substanzen und vieles andere mehr. Auch wenn die Konzentrationen der einzelnen Stoffe unter den festgelegten Grenz- und Richtwerten liegen, ist das Zusammenspiel dieses „Cocktails" für den menschlichen Organismus eine Belastung. Das gilt besonders für den regelmäßigen, dauerhaften Verzehr.

Ausführliche Informationen zum Thema „reines Wasser" finden Sie in dem Buch „Trinkwasser und Säure-Basen-Balance" von Dr. Hilmar Burggrabe und Dr. Markus Strauß (siehe Seite 78).

Alternativ dazu empfiehlt sich reines Quellwasser, das gerade in Mittelgebirgen wie Schwarzwald, Odenwald, Taunus oder dem Thüringer Wald eigenhändig und kostenlos abgefüllt werden kann. Auch mineralarme, kohlensäure- und schadstofffreie Produkte aus dem Bio- und Reformwarenhandel bieten sich an. Diese sollten einen möglichst geringen Mineralstoffgehalt haben. Gut sind Wässer, die unter 100 mg gelöste Mineralstoffe je Liter aufweisen; sehr gute Wässer liegen sogar unter 50 mg gelöste Mineralstoffe je Liter. Auf Kohlensäure ist zu verzichten, da sie als nur leichte, aber dennoch saure Substanz zur problematischen Übersäuerung unseres Körpers beiträgt. Glasflaschen sind Plastikflaschen gegenüber generell vorzuziehen.
Eine weitere gute Möglichkeit ist, das Leitungs- bzw. Trinkwasser mit einem leistungsfähigen Wasserfilter zu reinigen. Empfehlens-

wert ist die Technologie der Umkehrosmose mit einer nachgeschalteten Behandlung, die sich an natürlichen Wirkprinzipien orientiert (Halbedelsteine der Quarzgruppe und/oder Verwirbelung).

Welcher Mixer ist geeignet?

DIE KOMBINATION AUS …

➸ einem starken Motor

Das wichtigste Kriterium ist ein leistungsfähiger Mixer mit einer möglichst hohen Watt-Zahl (mindestens 1200 Watt).

➸ Umdrehungen pro Minute

Die Drehzahl ist zwar auch ein Indiz für die Kraft des Motors, die Angaben sind jedoch oft nicht vergleichbar. Meist ist gar nicht klar, wann und wie gemessen wurde: ohne Becher, mit leerem oder gefülltem Becher?

➸ einem Stufenregler oder verschiedenen Programmen

Generell ist es sinnvoll, Smoothies & Co zunächst mit einer niedrigen Drehzahl zu mixen. Dabei greift das Messer nicht ins Leere, sondern zieht die Zutaten mit. Auf diese Weise entsteht eine grobstückige Masse, die man im nächsten Schritt mit einer höheren Drehzahl gleichmäßig, also homogen, mixt. Auch für Pestos oder Saucen, in denen noch Stückchen sein sollen, ist diese Funktion sehr nützlich.

➸ einem Becher mit Strömungskanten

Drehen sich Obst und Gemüse nur im Kreis, entsteht kein cremiger Smoothie. Ideal ausgeformte Strömungskanten bewirken dagegen einen Sog nach unten, zum Messer hin.

➸ einem Mixbecher ohne Weichmacher (BPA-freier Kunststoff)

Bei sehr hohen Watt- und Drehzahlen können bei Glasbechern die Sicherheitsvorschriften nicht mehr eingehalten werden. Daher werden extrem stabile Kunststoffe eingesetzt, die auf jeden Fall frei von Weichmachern (Bisphenol A) sein sollten.

➸ einer soliden Verarbeitung und einer möglichst langen Garantiezeit

… BRINGT DEN WILDEN MIX IN BESTFORM!

Augen auf beim Mixerkauf:

- ➸ hohe Wattzahl und starker Motor
- ➸ Stufenregler oder Programme
- ➸ BPA-freie Kunststoffe
- ➸ Strömungskanten im Becher
- ➸ solide Verarbeitung
- ➸ lange Garantiezeit

Essbare Wildpflanzen und -beeren

Brennnessel
Urtica dioica

Einige Heilwirkungen von Pflanzen sind mittlerweile wissenschaftlich belegt und anerkannt. Dennoch beruhen viele Erkenntnisse aus der Heilpflanzenkunde bis heute auf der sogenannten Erfahrungsmedizin: Das naturheilkundliche Wissen unserer Vorfahren wurde von Generation zu Generation weitergegeben sowie von Kräuterkundigen erforscht und niedergeschrieben. Die Anwendungen basieren auf tradierten, teilweise jahrtausendealten, praktischen Erfahrungen. Das gilt entsprechend für viele in diesem Buch aufgeführten Heilwirkungen.

Essbare Wildpflanzen und -beeren stecken voller Vitalstoffe – dabei übertreffen sie unser Kulturgemüse oft auf beeindruckende Weise (siehe Tabelle Seite 6). Sie nähren uns mit ihren überreich vorhandenen Vitaminen, Mineralstoffen und Spurenelementen. Das gilt insbesondere, wenn sie in Form von Smoothies verzehrt werden: Hier sind die gesunden Inhaltstoffe der rohen Kost besonders hoch konzentriert und durch die Zerkleinerung im Mixer sehr leicht verdaulich. Die Wildpflanzen reinigen den Körper von innen heraus, beispielsweise mithilfe ihrer vielen Ballaststoffe.

Sie entgiften uns (z. B. durch Bitterstoffe) und schützen mit ihren Antioxidanzien unsere Zellen vor Zerfallsprozessen – was uns vorbeugend gesund und „jung" halten kann.

Wie genießt man einen Smoothie am besten?

Die meist cremige Konsistenz verleitet möglicherweise dazu, die köstlichen Smoothies hastig zu trinken. Für den Organismus ist es jedoch gesünder, die Powerdrinks langsam Schluck für Schluck zu genießen. Neuerdings wird dafür auch der Begriff „schmauen" verwendet: eine Mischung aus kauen und schmecken. Der Smoothie wird beim Schmauen im Mund kurzzeitig eingespeichelt und mit den ersten körpereigenen Verdauungsenzymen vermengt. Auf diese Weise lässt sich der „Wilde Mix" noch leichter verdauen. Aber auch für den Verzehr aller anderen Lebensmittel gilt das Prinzip des Schmauens.

Die richtige Dosis

Gänsedistel
Sonchus asper

Auch bei überaus gesunden Nahrungsmitteln kommt es immer auf das rechte Maß an. So wie beispielsweise sehr übermäßige Mengen an Vitamin C das Immunsystem schwächen und zu Durchfall oder gar Nierensteinen führen können, ist es auch möglich, dass unüblich große Mengen an Löwenzahn oder Gänseblümchen Übelkeit, Durchfall und Erbrechen hervorrufen. „Viel hilft viel" trifft also nicht zu, sondern wirkt sich kontraproduktiv aus!
Das gilt für alle essbaren Wildpflanzen, insbesondere für die folgenden, hier im Buch vorgestellten Pflanzen:

→ Löwenzahn, Rainkohl, Wald-Engelwurz, Gänsedistel und Kohldistel enthalten reichlich Bitterstoffe, die zwar sehr gesund sind, aber im Übermaß zu Beschwerden führen können. Wichtig: Steigern Sie die Dosis bei diesen Pflanzen langsam – so hat der Körper etwas Zeit, um sich an die neuartige Kost zu gewöhnen. Dann kann man sie auch gut, beispielsweise im Rahmen einer Entgiftungskur mit Löwenzahn, über mehrere Wochen hinweg verzehren. Darüber hinausgehende, dauerhafte Einnahmezeiten sind jedoch unbedingt zu vermeiden!

→ Brunnenkresse, Grünkohl, Hirtentäschel, Knoblauchsrauke und Weg-Rauke enthalten antibakteriell wirksame Senfölglykoside. Diese können synthetische Antibiotika in bestimmten Fällen ersetzen, ohne dass Nebenwirkungen zu befürchten sind. Werden sie jedoch im (unnormalen) Übermaß oder länger als sechs Wochen eingenommen, können diese „Scharfstoffe" schleimhautreizend wirken und sogar die Darmflora schädigen.

→ Nelkenwurz, Goldnessel, Gundermann und Gänsefingerkraut – wegen der enthaltenen Gerbstoffe.

→ Ackermelde – aufgrund der Oxalsäure, die auch in vielen Gemüsearten enthalten ist.

→ Brennnessel ist stark harntreibend; bei ihrem Genuss muss immer auf eine ausreichende Flüssigkeitszufuhr geachtet werden. Eine mehrwöchige Kur ist empfehlenswert, darüber hinaus ist vom täglichen oder übermäßigen Verzehr auch hier abzuraten.

→ Von vielen Bäumen können die jungen Blätter bedenkenlos verzehrt werden. Ältere Blätter schmecken dagegen herb und sind aufgrund ihres hohen Tanningehalts auch nicht in jedem Fall oder in höheren Mengen ratsam.

Sommerlinde
Tilia platyphyllos

Generell gilt: Essbare Wildpflanzen sind nicht zum einseitigen Dauerverzehr geeignet. Smoothies mit Wildpflanzen sind eine große Bereicherung unseres täglichen Speiseplans – sollten aber abwechslungsreich zubereitet werden. Wechseln Sie am besten alle zwei bis drei Tage die Hauptzutat Ihres Smoothies, dann besteht keinerlei Gefahr, dass sie von manchen Stoffen zu viel und von anderen zu wenig bekommen. Die Natur bietet uns dazu eine riesige Auswahl an essbaren Wildpflanzen, sodass wir bestens versorgt sind!

Roter Wiesenklee
Trifolium pratense

Diese Wildpflanzen, Früchte und Smoothie-Zutaten sind besonders geeignet ...

... für Frauen

→ Roter Wiesenklee (Blätter, besonders Blüten) enthält Phyto-östrogene.
→ Schafgarbe (Blätter und Blüten, in geringer Dosis verwenden) und Frauenmantel (Blätter) sind altbekannte Frauenkräuter.

... für Männer

→ Kleines Weidenröschen (Blüten) ist gut für die Prostata.
→ Wiesen-Bärenklau (junge Triebspitzen mit Blütenknospen) soll verjüngend, aphrodisierend und potenzsteigernd wirken.

... für Sie und Ihn

→ Brennnesseln (Samen) sind ein traditionelles Stärkungsmittel.

... für Sportler

Generell sind grüne Smoothies nach dem Sport sehr zu empfehlen, da sie alle reichlich basische, organisch gebundene Mineralstoffe und Spurenelemente enthalten – und damit gleichzeitig den Flüssigkeitsverlust ausgleichen

... als Quelle für hochwertiges, natürliches Eiweiß

→ Giersch (Blätter), Brennnessel (Blätter, Triebspitzen), Chia-samen, Hanfsamen, Bucheckern, Walnüsse, Haselnüsse

..., um das Immunsystem zu stärken und als Anti-Aging-Mittel

→ Sanddornbeeren, -saft und -fruchtfleischöl, Hagebutte, Aronia, Heidelbeere, Schwarze Johannisbeere, Brombeere

… für die Entgiftung (Detoxwirkung) und um die Säure-Basen-Balance wiederherzustellen

→ Brennnessel, Erdbeere, Löwenzahn und Giersch (jeweils die Blätter), Ingwerwurzel oder -pulver

…, um die Versorgung mit Eisen zu verbessern

→ Brennnessel (Blätter und Samen), Knopfkraut (Blätter), Aronia, Schwarze Johannisbeere

…, um die Darmgesundheit zu fördern

→ Indische Flohsamenschalen, einheimische Breitwegerichsamen

→ Topinambur (Knollen), Löwenzahn (Wurzel), Wegwarte (Wurzel) enthalten prebiotisch wirksames Inulin.

…, um die Sehkraft fördern

→ Kultur-Möhre, Gojibeere und Sanddorn

Alle hier vorgestellten Smoothies

→ werden basisch verstoffwechselt. Je basischer Sie sich ernähren und reines Wasser (siehe Seite 8) dazu trinken, desto besser kann sich Ihr Körper entsäuern und entgiften.

→ machen von innen heraus schön, denn sie fördern durch ihren hohen Gehalt an Mineralstoffen und Spurenelementen einen gesunden Haarwuchs, feste Fingernägel, schöne Haut und kräftige Knochen.

Pflanzen- und Fruchtpulver

Pflanzen- & Fruchtpulver

In welchen Fällen sind Pflanzen- und Fruchtpulver statt frischer Pflanzen sinnvoll?

Generell sind frische Kräuter, Gemüse und Früchte erste Wahl! Dennoch gibt es Situationen, in denen auch Pflanzen- und Fruchtpulver ihre Berechtigung haben:

→ ***Sie haben noch keinen Hochleistungsmixer und möchten erst einmal testen, ob Ihnen Smoothies schmecken und Sie diese in Zukunft öfter zubereiten möchten:*** Weiches Obst wie Bananen und Erdbeeren kriegt auch ein gewöhnlicher Haushaltsmixer oder ein Pürierstab klein; bei frischem Blattgrün wird das schon schwie-

Pflanzen- und Fruchtpulver von links nach rechts: Löwenzahn, Brennnessel, Gerstengras, Weizengras, Spinat, Ingwer, Hagebutte, Aronia

riger. Zusammen mit Pflanzen- oder Fruchtpulver (beispielsweise Brennnessel, Löwenzahn oder Hagebutte) und etwas Wasser erhalten Sie gute „Test-Smoothies".

→ ***im Winter:*** Das Angebot an grünen Wildkräutern ist jetzt kleiner geworden, das Sammeln wegen Kälte, Schnee und gefrorenem Boden mühsam oder gar unmöglich. Dann ist es gut, einen Vorrat an hochwertigen Wildkräuter- und Wildfruchtpulvern zu Hause zu haben. Gerade im Winter ist der Körper für Vitalstoffe dankbar.

→ ***als Ergänzung:*** Brennnessel-, Löwenzahn- und Lindenblätter wachsen beispielsweise in Ihrer Nähe und Sie sammeln diese selbst. Als Vitalstoffergänzung können Sie zusätzlich verschiedene Wildfruchtpulver wie Hagebutte, Sanddorn oder Aronia abwechselnd zu Ihrem Smoothie dazugeben.

→ ***keine Zeit, Lust oder Gelegenheit zum Sammeln, auf Reisen:*** Mit einem kleinen Vorrat an Kräuter- und Fruchtpulver lassen sich solche Versorgungslücken gut überbrücken.

Qualitätskriterien beim Kauf von Pflanzen- und Fruchtpulvern

→ Die Rohstoffe stammen aus kontrolliert biologischem Anbau beziehungsweise aus kontrollierter Wildsammlung.

→ Der Anbieter kann die Herkunft für jede Charge nachweisen (nur bei bio-zertifizierter Ware ist das selbstverständlich).

→ Die Verarbeitung erfolgte bei maximal 42 °C, die Pflanzen- und Fruchtpulver besitzen somit Rohkost-Qualität.

→ Die stabile Verpackung schützt den wertvollen Inhalt, kann später wiederverwendet oder gut recycelt werden. Schraubdeckelgläser sind zu bevorzugen.

Pflanzen- und Fruchtpulver selbst herstellen

Die gesammelten Wildkräuter und zerkleinerten Früchte auf einem Backpapier oder Küchentuch im Schatten an einem gut belüfteten Ort einzeln liegend ausbreiten und trocknen lassen. Der Vorgang ist beendet, wenn die Kräuter bei Berührung rascheln. Nicht der direkten, prallen Sonne aussetzen, da wertvolle Inhaltsstoffe wie ätherische Öle in der Hitze verdunsten können. Bei schwülwarmem Wetter besteht die Gefahr, dass das Sammelgut schimmelt. Normalerweise ist das Trocknen von Wildkräutern jedoch kein Problem. Schwieriger kann es unter Umständen bei Früchten werden. Dafür bietet sich bei Bedarf ein Dörrgerät mit Temperaturregler und Zeitschaltuhr an. Damit können Sie auch in Abwesenheit dörren und gleichzeitig sicher sein, dass mit maximal 42 °C in Rohkostqualität getrocknet wird. Nach dem Trocknen mahlen Sie die Blätter oder Wildfrüchte in einer alten Kaffeemühle oder einer kleinen Küchenmühle zu Pulver. Dieses wird in sauberen Schraubdeckelgläsern trocken, kühl und dunkel gelagert.

Bezugsquellen für frische Wildkräuter und Wildobst

Hier lautet die Devise: Raus in die Natur und selbst sammeln!
Für alle Interessierten biete ich ein- bis zweimal monatlich einen Newsletter an („Wildpflanzen aktuell"). Darauf finden Sie eine jeweils aktuelle Pflanzenliste mit Verwendungshinweisen. Dieser Service ist kostenfrei, über meine Homepage ***www.dr-strauss.net/newsletter*** können Sie sich dafür anmelden. Zudem gibt es immer mehr ausgebildete Wildpflanzenexperten, die vor Ort geführte Exkursionen anbieten und dabei helfen, die erste Scheu vor dem Kräutersammeln zu überwinden.
Sprechen Sie doch auch einmal Ihren Biobauern oder Gärtner an, ob sie bei ihm Beikräuter sammeln können. Oder haben Sie schon einmal darüber nachgedacht, in ihrem Garten, auf Balkon oder Terrasse essbare Wildpflanzen anzusiedeln? Vielleicht wollen Sie ja auch eine essbare Landschaft in ihrer Umgebung „kultivieren" oder bei einem lokalen Urban-Gardening-Projekt oder beim Guerilla Gardening mitmachen?

Bezugsquellen für Pflanzen- und Wildfruchtpulver

Ein Sortiment an Pflanzen- und Wildfruchtpulvern finden Sie im gut sortierten Naturkost- und Reformwarenhandel oder vereinzelt bei spezialisierten Internetversendern (s. a. Seite 78: Weiterführende Adressen).

Cracker mit Melde

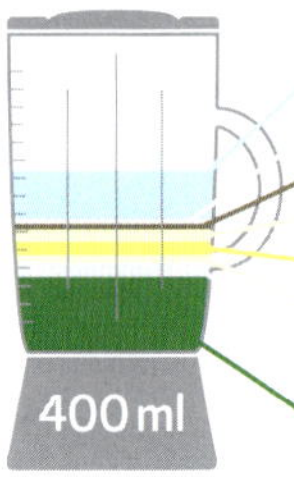

150 ml reines **Wasser**
Salz, Pfeffer
1–2 TL **Sojasauce**
1 TL **Agavendicksaft**
1 EL **Zitronensaft**
1 **Knoblauchzehe**
1 kleine **Zwiebel**
200 g **Melde** (Blätter und Triebspitzen)

Zubereitung

Alle Zutaten im Mixer zubereiten wie auf der vorderen Buchklappe und Seite 7 beschrieben. Dann 200 g **Leinsamen** und 50 g **Chiasamen** unterheben und die Masse dünn auf ein mit Backpapier ausgelegtes Blech streichen. Im Backofen bei 50 °C und leicht geöffneter Backofentür (Kochlöffel einklemmen) etwa acht bis zehn Stunden dörren (maximal 42 °C: Rohkost-Qualität) oder ein Dörrgerät verwenden. Schmeckt als Fingerfood zu Dips wie Avocadocreme oder Kräuterquark.

Rezeptvariante

- v Weitere geeignete Wildkräuter für diese Cracker sind beispielsweise Giersch, Brennnessel, Knoblauchsrauke oder Vogelmiere.

ACKERMELDE / WEISSER GÄNSEFUSS

Vorkommen

→ sehr häufiges Beikraut in Gärten und auf Äckern
→ auf Öd- und Brachland
→ an Wegrändern

Mai bis September

junge, zarte Blätter und Triebspitzen, Blüten und junge Samenstände

Kalium, Eisen, Zink, Phosphor · viel Vitamin C (18-fache Menge wie Kopfsalat) · Vitamin B_3 (Samen) · Saponine

entzündungshemmend · leicht abführend

Die mit dem Spinat verwandte Ackermelde enthält wie dieser reichlich Oxalsäure und ist daher für einen dauerhaften täglichen Genuss nicht geeignet.

Die Cracker mit Chilipulver würzen.

Merkmale & Aussehen

je nach Standort 10–200 cm hohe, einjährige Pflanze · Stängel meist aufrecht und stark verzweigt, gelblich grün gestreift, teilweise rot überlaufen · Blätter auf der Oberseite meist graugrün; unterseits heller, oft weiß-grau · formenreiche Blätter von oval bis nahezu dreieckig, gezähnt bis ganzrandig · unscheinbare, grünweiße Blüten stehen in den Blattachseln und sehen wie kleine Knäuel aus

***Typisch:** Die Blätter und Blütenstände der Ackermelde sind mit einem feinen Mehlstaub belegt.*

Sammeltipps

Gesammelt werden nur die jungen und zarten Blätter sowie die kompletten Triebspitzen mit Haupt- und Seitentrieben (das sind die oberen 5 cm). Im Verlauf des Sommers nimmt die Blattmasse zugunsten der Blüten- und Samenstände kontinuierlich ab. Da auch diese verzehrt werden können, dauert die Melden-Saison bis in den Spätsommer hinein. Zudem findet man auch immer wieder junge Nachzügler-Pflanzen.

Weitere Hinweise

Es gibt noch viele weitere wilde Melde-Arten, die meisten davon sind essbar. Einige wenige sind, in großen Mengen genossen, wegen ihres hohen Saponingehalts jedoch giftig. Aber: Die ungenießbaren Arten verströmen beim Zerreiben der Blätter einen unangenehmen Geruch, sodass man sie recht gut unterscheiden kann.

Extratipp Die Blätter der Ackermelde ergeben auch schmackhafte, dunkelgrüne **Smoothies.** Diese können gut mit Obst (Banane, Birne, Apfel) und Salatgurke zubereitet werden (siehe „Smoothie mit Rauke" auf Seite 74).

Aronia-Mandel-Dessert

100 ml **reines Wasser**
½ **Vanillestange**, ausgekratztes Mark
4–6 EL **Ahornsirup** oder **Birnendicksaft**
250 g **Mandelmus**
250 g frische **Aroniabeeren** (siehe Rezeptvarianten)

+

einige **Mandeln**, geschält und grob gehackt

Zubereitung

Alle Zutaten im Mixer zubereiten wie auf der vorderen Buchklappe und Seite 7 beschrieben. Mit den gehackten Mandeln garnieren.

Rezeptvarianten

V1 Statt der frischen Beeren 80 g getrocknete, über Nacht eingeweichte Aroniabeeren oder 80 g Aronia-Fruchtpulver verwenden.

V2 Mit Schlagsahne oder Vanillesauce kombinieren.

V3 Im Eisschrank anfrieren lassen und als **Softeiscreme** servieren.

V4 Mit Chili oder Curry würzen.

V5 Johannisbeer-Muttersaft statt Wasser mildert den ungewohnt herben, leicht säuerlichen Geschmack der Aroniabeere ab.

V6 Einen Teil der Beeren durch Schwarze Johannisbeeren ersetzen.

Aronia melanocarpa

ARONIA

Vorkommen

→ keine einheimische Wildpflanze, gedeiht hier aber prächtig
→ in Gärten, Parks und gewerblichen Pflanzungen

Merkmale & Aussehen

bis zu 2 m hoher, locker verzweigter Strauch · Triebe zunächst aufrecht, später leicht überhängend · Blätter eiförmig, ledrig, dunkelgrün, fein gesägt, wechselständig, oben glänzend dunkelgrün, unten hellgrün · reinweiße Blüten mit auffälligen rosaroten Staubbeuteln · schwarzviolette, glänzende, erbsengroße Beeren

***Typisch:** Aroniabeeren haben eine apfelähnliche Form und enthalten kleine Samenkerne – aufgrund dieser Ähnlichkeiten wird die Aronia in Deutschland auch Apfelbeere genannt.*

Sammeltipps

Nur voll ausgereifte Beeren schmecken gut und besitzen den maximalen Gehalt an gesunden Inhaltstoffen. Für einen Reifetest einfach eine Beere aufschneiden: Erst, wenn das Fruchtfleisch durchgängig dunkelrot ist, ist sie vollreif.

Weitere Hinweise

Mit ihren weißen Blüten, den violetten Beeren und der auffällig roten Herbstfärbung sind Aroniasträucher eine Bereicherung für jeden Garten. Die Pflanzen sind pflegeleicht, anspruchslos und frosthart. Die Blüten sind selbstbefruchtend; deswegen tragen die Sträucher zuverlässig Beeren. Um die reifenden Früchte vor Vögeln zu schützen, ist der Einsatz von Netzen empfehlenswert.

August bis Anfang Oktober

Beeren

keine andere Frucht enthält so viele Antioxidanzien (Anthozyane und Prozyanidine) · Vitamine C, K, E, B-Vitamine · Kalzium, Kalium, Magnesium, Eisen, Folsäure und Jod · wenig Fruchtzucker, viele Ballaststoffe

Schutz und Stärkung des Immunsystems · Anti-Aging-Effekt · wirksam als Radikalfänger · beugt laut aktueller Forschung verschiedenen Krankheiten vor (Herz-, Kreislauf- und Krebserkrankungen, Spätfolgen des Diabetes mellitus, Arteriosklerose, Alzheimer u. a.)

In den Samenkernen frischer Aroniabeeren befinden sich Spuren giftiger Blausäure, wie bei vielen anderen Obstarten auch (z. B. Kirschen, Äpfel). Diese sind dann bedenklich, wenn die rohen Beeren in großen Mengen verzehrt und die Kerne dabei zerkleinert werden. Daher sollte man gemixte Zubereitungen aus rohen Aronien nicht in unüblich großen Mengen zu sich nehmen!

Das Dessert mit 1 Msp Kardamompulver anreichern.

Extratipp Aroniabeeren können zu jedem süß-fruchtigen Smoothie dazugegeben werden (jeweils 1–2 EL getrocknete Beeren oder 1 EL Fruchtpulver). Smoothies werden so schön rotviolett.

Brennnessel-Smoothie

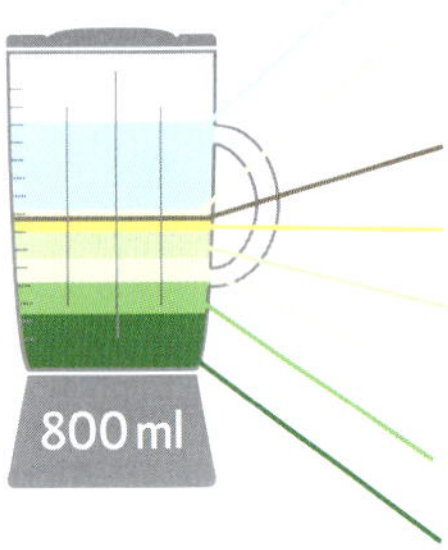

500 ml **reines Wasser**
1 cm **Ingwerwurzel** oder
½ TL **Ingwerpulver**
1 EL **Leinsamen**
1 **Zitrone**, Saft
1 **Birne** oder **Apfel**
1 **Banane**
½ **Salatgurke**
100 g **Brennnessel**
(Triebspitzen)

Zubereitung

Aus den Zutaten im Mixer einen Smoothie bereiten wie auf der vorderen Buchklappe und Seite 7 beschrieben. Keine Sorge: Der Smoothie „brennt“ nicht mehr auf Zunge oder Haut!

Rezeptvariante

- Für eine kalte Sommersuppe **(Gazpacho)** die Banane weglassen; stattdessen 1 EL Chiasamen, eine halbe Avocado und eine Knoblauchzehe dazugeben, mit Salz und Pfeffer oder etwas Chilipulver abschmecken.

BRENNNESSEL

Vorkommen

→ in Auwäldern, entlang von Bächen und Flüssen
→ Waldwege und -ränder
→ Hecken, brachliegende Flächen und Streuobstwiesen

Merkmale & Aussehen

bis zu 2 m hohe, ausdauernde, zweihäusige Staude · vierkantiger Stängel · eiförmig längliche, nach vorne zugespitzte Blätter, gegenständig angeordnet, gezähnter Blattrand · die grünlichen Blüten bzw. späteren Samenrispen wachsen im oberen Drittel der Pflanze aus den Blattachseln (siehe Extratipp)

Typisch: *Sowohl die Stiele als auch die Blätter sind mit den charakteristischen Brennhaaren bewehrt.*

Sammeltipps

Handschuhe und Schere schützen die Haut beim Sammeln vor den Brennhaaren. Geerntet wird nur das obere Drittel der Pflanzen, da die unteren Stängelteile reichlich Zellulose einlagern und deswegen zäh und faserig sind. Beim Waschen der Triebspitzen hat sich eine Spaghettizange bewährt, mit der man die Pflanzenteile durch das kalte Wasser zieht.

Weitere Hinweise

Von wegen „Saunessel" (so der alte Volksname): Die Brennnessel ist eine echte Powerpflanze! Sie gehört zu unseren vitalstoffreichsten Wildkräutern und ist die beste „Partnerin" für Entgiftungs- bzw. Basenkuren. Allerdings sollte man sie nicht ständig täglich genießen (siehe Warnhinweis). Da sie zudem Lebensraum für über 100 Insektenarten bietet und auch noch einen hervorragenden Gartendünger ergibt, ist die Brennnessel rund ums Haus eine große Bereicherung. Sie hat also unbedingt ein Plätzchen im Garten verdient.

junge Blätter und Triebspitzen:
Februar bis Oktober
Samen: Ende August bis Oktober

Blätter, Triebspitzen und Samen

sehr viel Vitamin A, C, K und E · sehr hohe Konzentrationen an Kalzium, Magnesium und Eisen · Kalium, Phosphor, Silizium · Eiweiß, Phytohormone und Enzyme

allgemein kräftigend und basisch · harntreibend, nierenanregend und entgiftend „blutreinigend" und blutbildend · entzündungshemmend · bei Eisenmangel · senkt den Blutzuckerspiegel · lindert Prostatabeschwerden · unterstützend bei rheumatischen Erkrankungen, Gicht und Hautkrankheiten · zur Durchspülung bei entzündlichen Erkrankungen der ableitenden Harnwege und vorbeugend gegen Nierengrieß · vorbeugend gegen Krebs

Beim Verzehr von Brennnesseln ist wegen der harntreibenden Wirkung immer auf eine ausreichende Flüssigkeitszufuhr zu achten, am besten viel reines Wasser trinken. Die Pflanzen wachsen bevorzugt auf stickstoffreichem Boden und nehmen daher auch Nitrat auf: Daher ist von einem ständigen Verzehr abzuraten. Eine mehrwöchige Kur-Anwendung ist dagegen sehr empfehlenswert.

Extratipps Die Brennnesselsamen reifen an den weiblichen Blüten heran und hängen im Herbst in dichten Rispen von den Stängeln herab. Sie enthalten reichlich Mineralstoffe, Spurenelemente und mehrfach ungesättigte Fettsäuren. Als tolles heimisches „Superfood" sind sie eine Alternative zu Chiasamen. Brennnesselsamen lassen sich leicht trocknen und in einem Schraubglas aufbewahren.

Brombeer-Smoothie

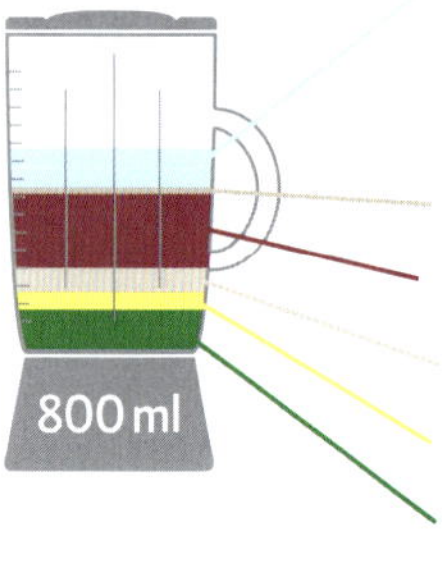

150 ml **reines Wasser** oder **Mandel-, Haselnuss-** oder **Hafermilch**
1 TL **Ceylon-Zimtpulver**
500 g **Brombeeren**
1 **Banane**
1 **Zitrone** oder **Limette**
50 g **Brombeerblätter**

Zubereitung

Aus den Zutaten im Mixer einen Smoothie bereiten wie auf der vorderen Buchklappe und Seite 7 beschrieben.

Rezeptvariante

v **Grüner Winter-Smoothie** (4 Gläser)

400 ml reines Wasser
1 cm Ingwerwurzel oder ½ TL Ingwerpulver
1 Banane
1 Zitrone
1 Apfel oder Birne
100 g Brombeerblätter

BROMBEERE

Rubus fruticosus

Vorkommen

→ weitverbreitet im Unterholz vieler Wälder
→ in Hecken
→ am Waldrand
→ an Böschungen
→ auf Brach-und Ödland

Merkmale & Aussehen

Sträucher mit bis zu 3 m langen, bogig überhängenden und oft stark bedornten Trieben · Triebe dunkelgrün, teilweise rötlich unterlaufen · Blätter wechselständig, Teilblätter eiförmig spitz, gezähnt, Oberseite dunkelgrün, Unterseite heller · weiße bis blassrosa Blüten in Doldentrauben · Sammelsteinfrüchte bestehen jeweils aus 20–50 kugeligen, schwarz glänzenden Steinfrüchten

***Typisch:** Auf den Stielen und unterseitigen Mittelrippen der Brombeerblätter sitzen die rückwärts gerichteten Stacheln: je nach Unterart in verschiedener Anzahl und Größe.*

Sammeltipps

Um Brombeerblätter ohne die stachelige Mittelrippe zu ernten, hebt man beide Blatthälften mit Daumen und Zeigefinger nach oben an und drückt sie zusammen. Dann das Blattgrün, am Blattansatz beginnend, von der festeren Mittelrippe ablösen. Diese bleibt so mitsamt Dornen am Strauch zurück.

Weitere Hinweise

Brombeeren gedeihen auch im Schatten von Bäumen, tragen dort aber nur wenige und eher saure Früchte. In sonnigen Lagen lassen sich dagegen viele süße, aromatische Beeren ernten. Die gesunden Blätter sind auch im Winter verfügbar: Selbst wenn alles tief eingeschneit ist, ragen sie an ihren bogigen Trieben aus dem Schnee heraus!

Extratipp Um auch im Winter von den Früchten zehren zu können, friert man sie zunächst mit etwas Abstand zueinander auf einem Blech, Tablett oder Teller liegend ein. Nach einigen Stunden werden sie in eine Gefrierdose umgeschüttet: Auf diese Weise kleben sie nicht aneinander.

Blätter: ganzjährig
Beeren: Juli bis Oktober

Beeren und Blätter

Beeren: hoher Gehalt an Antioxidanzien (u.a. Anthozyane, der blaue Farbstoff in den Früchten) · reichlich Vitamine (A, B-Vitamine, C, E) · viel Magnesium und Eisen, Kalzium, Zink, Mangan, Kupfer · Gerbstoffe
Blätter: Flavonoide · etwas Vitamin C · bis zu 14 % Gerbstoffe

Beeren: stark antioxidativ wirksam · kräftigen das Immunsystem · schützen vor degenerativen Prozessen, Anti-Aging-Effekt
Blätter: für eine gesunde Verdauung · bei Durchfall · entzündungshemmend · bei Entzündungen in Mund und Rachen

Den Smoothie mit grob gehackten Erdmandeln bestreuen.

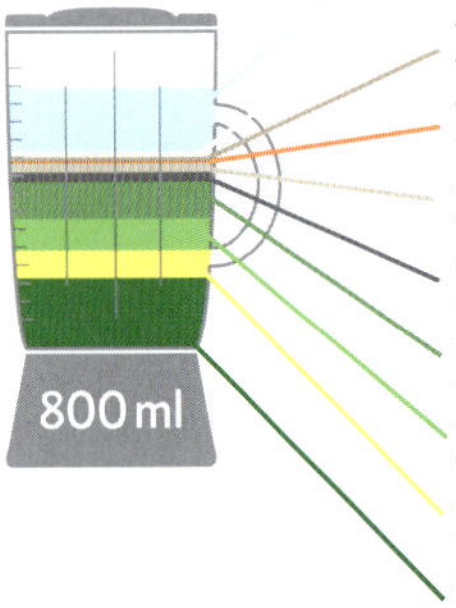

350 ml **reines Wasser**
1 TL **Apfel-** oder **Birnendicksaft**
1 EL **Topinamburpulver**
1 Msp **Chili**
2 EL **Leinöl**
2 EL **Chiasamen**
1 **Salatgurke**
1 **Apfel**
1 **Zitrone** oder **Limette**
100 g frische **Brunnenkresse**

Rezeptvariante

v Für ein feines **Pesto** 100 g frische Brunnenkresse, 50 g Mandeln oder Hasel- oder Walnüsse, ein bis zwei Knoblauchzehen, 100 ml hochwertiges Olivenöl, ½ TL Birnendicksaft, Salz und Pfeffer im Mixer pürieren.

Zubereitung

Aus den Zutaten im Mixer einen Smoothie bereiten wie auf der vorderen Buchklappe und Seite 7 beschrieben.

BRUNNENKRESSE
Nasturtium officinale

Vorkommen
→ an Randbereichen kleinerer und größerer, eher ruhig fließender Gewässer mit klarem, sauberem Wasser
→ an Quellen und Quellfluren

Merkmale & Aussehen
20–80 cm hohe, mehrjährige, wintergrüne Staude · verzweigte Stängel, innen hohl, durch Bewurzelung an den Blattachseln können teppichartige Bestände ausgebildet werden · Blätter rundlich, wechselständig, frischgrün, fleischige Konsistenz, unpaarig gefiedert · Anzahl der Fiederblätter schwankt stark, Endfieder deutlich größer · weiße, vierzählige Blüten · Samenschoten

***Typisch:** Die Brunnenkresse besitzt einen hohlen Stängel, von dem zunächst die meist rundlichen Fiederblätter, dann die weißen, vierzähligen Blüten und später die gestielten, knapp 2 cm langen Samenschoten waagrecht abstehen. Ihr Geschmack ist kresseartig.*

Sammeltipps
Gesammelt werden sollte nur an sauberen Gewässern. Achten Sie auch auf Schnecken, die sich an der Blattunterseite festsetzen. Zu Hause wäscht man das Sammelgut gründlich und mehrmals ab. Die Brunnenkresse lässt sich auch gut selbst aussäen: in großen, reichlich gewässerten Töpfen oder Wannen, am Gartenteich oder auf einem Beet, das mit vergrabener Teichfolie nass gehalten wird.

Weitere Hinweise
Die nah verwandte Bittere Kresse *(Cardamine amara)*, auch Falsche Brunnenkresse genannt, ist der Echten Brunnenkresse sehr ähnlich, kommt in der Natur aber deutlich häufiger vor. Der Hauptunterschied ist, dass die Bittere Kresse in der Blütenmitte sechs violette Staubbeutel besitzt, die Brunnenkresse dagegen vier gelbe (weitere Informationen dazu siehe Seite 78: Strauß, Markus: „Köstliches von Sumpf- und Wasserpflanzen").

ganzjährig

junge Blätter und Triebspitzen, auch mit Blüten

80 mg Vitamin C auf 100 g Kraut · Vitamine A, D und E · Kalzium, Kalium, Phosphor, Jod, Eisen · Flavonoide · reichlich Senfölglykoside

Heilpflanze, nur in Rohkostqualität wirksam · antibiotische Wirkung · keimhemmend · harndesinfizierend · regt den Stoffwechsel an · hautreinigend · entgiftend

Nur an Gewässern fernab von bewirtschafteten Feldern und Viehweiden sammeln! Nicht im Übermaß verzehren, da es ansonsten zu Reizungen der Magenschleimhaut und der Nieren kommen kann. Bei einer länger als sechs Wochen dauernden Einnahme kann die Darmflora geschädigt werden. Für Kinder und Schwangere nicht geeignet.

1 EL Hanfsamen mitmixen.

Extratipp Blätter und Triebspitzen der würzigen Brunnenkresse eignen sich hervorragend als vitalstoffreiche wilde Zutat in „normalen" Salaten, wie Kopf- oder Eisbergsalat. Dabei lässt sich die Brunnenkresse auch gut mit dem Salatdressing zu einer grünen Sauce pürieren.

Smoothie mit Feldsalat und Grünkohl

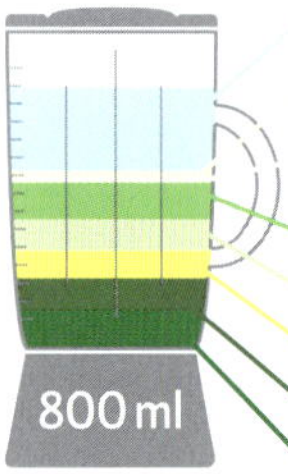

500 ml **reines Wasser**
1 cm **Ingwerwurzel** oder
½ TL **Ingwerpulver**
1 EL **Birnen-** oder
Apfeldicksaft
1 **Apfel**
1 **Birne**
1 **Zitrone** oder **Limette**
50 g **Feldsalat**
50 g **Grünkohlblätter**

Zubereitung

Aus den Zutaten im Mixer einen Smoothie bereiten wie auf der vorderen Buchklappe und Seite 7 beschrieben.

Rezeptvariante

- v Für eine rohköstliche, aber warme **Suppe** je 50 g Grünkohl und Feldsalat, 1 cm Ingwer, eine Avocado, 1 TL Birnen- oder Apfeldicksaft, 2 EL Chiasamen, eine ½ Zitrone, Salz, Pfeffer, 1 EL Sojasauce und 1 Msp Chilipulver mit 500 ml heißem Wasser mixen und auf vorgewärmten Tellern servieren.

Grünkohl Das gesunde, grüne Wintergemüse ist kalorienarm (37 Kalorien pro 100 g Grünkohl), besitzt viel Eiweiß (4,2 g) und Ballaststoffe, reichlich Vitamine (A, C und E), antibiotisch wirksame Senfölglykoside sowie viele Mineralstoffe und Spurenelemente, beispielsweise Kalzium und Eisen.

FELDSALAT

Valerianella locusta

Vorkommen

→ die Wildform ist seltener geworden
→ auf vorübergehend brachliegenden Flächen und Feldern
→ auf Wiesen, an Wegrändern
→ in naturnah bewirtschafteten Weinbergen

Merkmale & Aussehen

bis zu 15 cm hohe, einjährige oder einjährig-überwinternde Pflanze · grundständige Blattrosette aus ca. 5 cm langen, dunkelgrün gefärbten, löffelförmigen und ganzrandigen Blättern · zahlreiche, gabelästig verzweigte Triebe mit kleineren, länglicheren, gegenständigen Blättern · kleine, unscheinbare, aber charakteristische, weiße, teilweise bläuliche Blüten, fünfzählig, zu mehreren in büscheligen Trugdolden

***Typisch:** Der Wilde Feldsalat ist dem Kultur-Feldsalat in Aussehen und Geschmack sehr ähnlich. Sein Aroma ist mild, aber im Vergleich etwas kräftiger.*

Sammeltipps

Es werden ausschließlich die jungen Blattrosetten gesammelt – vor dem mit der ersten Frühlingswärme beginnenden „Aufschießen" der Pflanze. Zur Ernte verwendet man ein kleines Küchenmesser, mit dem die Blattrosetten sauber von den Wurzeln abgetrennt werden.

Weitere Hinweise

Feldsalat wird ab August bis Anfang Oktober im Garten ausgesät, am besten mehrmals in Intervallen (beispielsweise alle zwei Wochen). Auf diese Weise kann man sich zwischen Oktober und März durchgehend mit frischem Salat versorgen.

Oktober bis März

junge Blattrosetten vor der Blüte

B-Vitamine, Vitamine C und E, Betacarotin · ätherisches Öl · Eisen, Folsäure, Kalzium, Magnesium, Kalium, Zink, Kupfer

allgemein kräftigend · stärkt das Immunsystem · verdauungsfördernd · „blutreinigend"

Dem Smoothie 1 TL Dinkelgraspulver hinzufügen.

Extratipp Damit der Smoothie aufgrund des Grünkohls keine Blähungen verursacht, am besten Gewürze wie Ingwer oder Kümmel dazugeben. Hilfreich und gesund sind auch frisch zerstoßene Fenchel-, Anis- oder Dillsamen.

Gänseblümchen-Smoothie

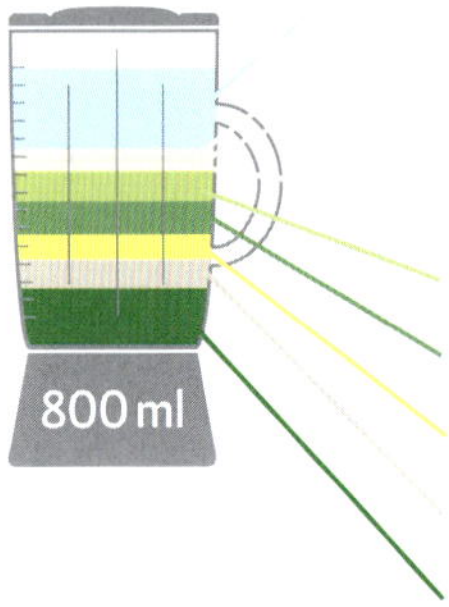

500 ml **reines Wasser**
1 cm **Ingwerwurzel**
1 EL **Indische Flohsamenschalen**
1 EL **Birnendicksaft**
1 **Apfel**
½ **Salatgurke**
1 **Zitrone**
1 **Banane**
100 g **Gänseblümchen** (grüne Blätter)

\+

Gänseblümchenblüten für die Garnitur

Zubereitung

Aus den Zutaten im Mixer einen Smoothie bereiten wie auf der vorderen Buchklappe und Seite 7 beschrieben.

Rezeptvariante

- **v** Statt Gänseblümchen passen auch die Blätter von Breit- oder Spitzwegerich *(Plantago major, P. lanceolata)* oder von der Schafgarbe *(Achillea millefolium)*. Dann zusätzlich 1 EL Birnendicksaft dazugießen (Bitterstoffe).

Bellis perennis

GÄNSEBLÜMCHEN

Vorkommen

→ typische Rasen- und Wiesenpflanze
→ in Gärten, Parks und auf Streuobstwiesen

Merkmale & Aussehen

5–15 cm hohe, mehrjährige Staude · Stängel unverzweigt, behaart mit jeweils einer Blüte · Laubblätter dunkelgrün, spatelförmig, gezähnt, stehen in einer dichten Blattrosette zusammen · gelbe Blütenmitte mit weiß bis rosa Blütenblättern

Typisch: *Die flach am Boden wachsende Blattrosette der Gänseblümchen hat viel Ähnlichkeit mit Feldsalat; die Blätter sind jedoch etwas fester, leicht behaart und am Rand gewellt.*

Sammeltipps

Die Blattrosetten werden mit einem kleinen Küchenmesser ausgestochen, also im Ganzen geerntet. Die welken Blättchen an der Unterseite abzupfen. Gänseblümchen stehen uns das ganze Jahr über als gesunde Frischkost zur Verfügung – wenn der Boden nicht gerade vereist ist.

Weitere Hinweise

Nicht nur das Aussehen der Blattrosette erinnert an Feldsalat, auch der Geschmack ist ähnlich, sodass man aus den Blättern gut einen Salat zubereiten kann. Die Blüten eignen sich als hübsche Dekoration für kalte Platten, Salate und dank ihres nussigen Aromas für Obstsalat. Sie schmecken auch auf einem Butterbrot.

Extratipps Aus den Knospen von Gänseblümchen können Sie auch haltbare „wilde Kapern" zubereiten: waschen, gut abtropfen lassen, kurz mit etwas Salz in Essig kochen, mit der Flüssigkeit in ein Schraubglas abfüllen und vor dem Verzehr einige Tage ruhen lassen. Gibt man frische Blütenknospen in eine Suppe, kann man ihnen beim Aufblühen zusehen.

ganzjährig

junge Blattrosetten, Blüten

reich an Kalzium, Phosphor, Eisen, Kalium und Magnesium · Provitamin A, Vitamin C · Eiweiß · Gerb-, Bitter- und Schleimstoffe

entwässernd · den Stoffwechsel anregend · „blutreinigend" · traditioneller Bestandteil von Frühjahrskuren · schleimlösend und entkrampfend

Nach dem Verzehr unüblich großer Mengen von Blättern und Blüten können Übelkeit, Erbrechen oder Durchfall auftreten. Vorsicht bei Überempfindlichkeit gegenüber Korbblütengewächsen.

Indische Flohsamenschalen fördern eine gesunde Darmtätigkeit und machen satt. Dazu sollte man ausreichend trinken, am besten reines Wasser.

Distel-Smoothie

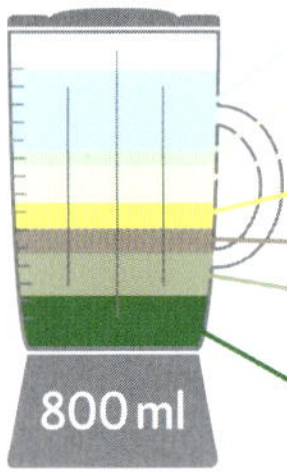

- 300 ml **reines Wasser**
- ½ **Salatgurke**
- 2 **Äpfel**
- 1 **Zitrone** oder **Limette**
- ca. 5 **Datteln**
- 50 g **Gänsedistel** (Blätter und Triebspitzen)
- 50 g **Kohldistel** (Blätter, Triebspitzen und Blütenknospen)

Zubereitung

Aus den Zutaten im Mixer einen Smoothie bereiten wie auf der vorderen Buchklappe und Seite 7 beschrieben.

Rezeptvarianten

V1 Für eine süßere Variante zusätzlich eine Banane verwenden.

V2 Als kalte **Sommersuppe** nur einen Apfel und drei Datteln hinzufügen. Eine Knoblauchzehe sowie 100 ml Wasser, Salz und Pfeffer dazugeben.

GÄNSEDISTEL UND KOHLDISTEL

Vorkommen

→ Gänsedistel häufig in Gemüsebeeten, auf Kartoffel- und Maisäckern
→ Kohldistel auf feuchten Wiesen und Gräben, an Bach- und Flussufern

Merkmale & Aussehen

Gänsedistel: bis zu 90 cm hohe, einjährige Pflanze · hohle, fleischige Stängel · Blattoberseite glänzend dunkelgrün; Unterseite silbergrau · weiche Dornen an den Blatträndern · ca. 1 cm große, gelbe Blüten · alle Pflanzenteile enthalten Milchsaft
Kohldistel: bis zu 150 cm hohe, mehrjährige Pflanze · im unteren Bereich der Pflanze tief eingeschnittene Blätter; oben kleinere, gelblich grüne Blätter mit scharf gesägtem Rand, leicht stachelig · beigefarbene Blüten, zu mehreren an der Stängelspitze, umgeben von hellen Hochblättern

***Typisch:** Sowohl die Gänsedistel als auch die Kohldistel besitzen keine Blattstiele; stattdessen umfasst ihr breit ausgebildeter Blattgrund den Haupttrieb fast vollständig. Beide weisen lediglich weiche, kaum stechende Dornen auf.*

Sammeltipps

Beim Sammeln beider Arten sollte man auf einen möglichen Befall mit Läusen achten: Bei der Gänsedistel sitzen diese vor allem an der Spitze des Triebs, in der Nähe der Blüten. Bei der Kohldistel sind sie vor allem in den gelblich-grünen Hochblättern zu finden.

Weitere Hinweise

Die jungen, zarten Blätter beider Arten eignen sich gut als Salat- oder Gemüsebeigabe. Zum Rohverzehr kann man bei der Gänsedistel die Blattdornen mit einer Schere entfernen.

Gänsedistel: Mai bis Oktober
Kohldistel: April bis September

Gänse- und Kohldistel: Blätter, Triebspitzen und Blüten (v. a. die Knospen)

Gänsedistel: Spurenelemente wie Eisen · Vitamin C · Bitterstoffe · Mineralstoffe wie Kalzium
Kohldistel: Bitterstoffe · Gerbstoffe · ätherische Öle · Inulin

Die Gänsedistel ist als Heilpflanze in Vergessenheit geraten, soll aber ähnliche positive Wirkungen auf die Leber haben wie die dafür bekannte Mariendistel. Ihre Bitterstoffe unterstützen zudem Galle und Bauchspeicheldrüse.
Die Kohldistel ist keine klassische Heilpflanze, eine Anregung der Leberfunktion wird jedoch angenommen.

Verwechslungsgefahr: Ist die Mittelrippe der Blätter an der Unterseite mit langen Stacheln besetzt, handelt es sich nicht um eine Gänsedistel, sondern um den schwach giftigen Kompass-Lattich *(Lactuca serriola)*.

Fügen Sie dem Smoothie 1 TL Gerstengraspulver hinzu.

Extratipps Die Blütenböden beider Arten lassen sich ähnlich wie Artischocken zubereiten: Das Entfernen der Haare (Gänsedistel) bzw. aller Hüll- und Blütenblätter (Kohldistel) ist recht aufwendig, lohnt sich aber.
Die Blütenknospen der Disteln können Sie in Essig haltbar machen und als Antipasti genießen (siehe Extratipp auf Seite 29).

Smoothie mit Gänse-Fingerkraut

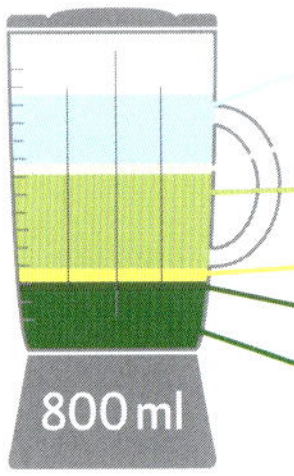

200 ml **reines Wasser**
1–2 EL **Ahornsirup**
600 g **Galiamelone**
1 **Limette** oder **Zitrone**
2–3 Blättchen **Minze**
40 g **Gänse-Fingerkraut** (Blätter)

Zubereitung

Aus den Zutaten im Mixer einen Smoothie bereiten wie auf der vorderen Buchklappe und Seite 7 beschrieben.

Rezeptvarianten

- V1 Süße Äpfel statt Galiamelone verwenden.
- V2 Ahornsirup durch Birnendicksaft ersetzen.

Potentilla anserina

GÄNSE-FINGERKRAUT

Vorkommen

→ häufig in Wiesen und Gärten
→ an Acker- und Feldwegrändern
→ auf Brach- und Ödland

Merkmale & Aussehen

10–20 cm hohe, mehrjährige, krautige Pflanze · aus 7–20 Teilblättern bestehende, einfach gefiederte Blätter bilden eine grundständige Rosette · Blattränder auffallend stark gezähnt · Blattoberseite grün, Unterseiten silbrig-filzig behaart · leuchtend gelbe Blüten mit fünf Blütenblättern

Typisch: *Wie eine Erdbeerpflanze bildet das Gänse-Fingerkraut bis zu 1 m lange Ausläufer, die sich an den Knotenpunkten neu bewurzeln. So breitet sich die Pflanze mitunter teppichartig aus.*

Sammeltipps

Die Blätter des Gänse-Fingerkrauts besitzen eine festere, filzige Struktur. Sie enthalten reichlich Bitterstoffe und schmecken daher auch etwas bitter, sind aber sehr gesund. Die jungen, zarten Blätter sind milder und daher zu bevorzugen. Die Wurzel lässt sich roh und klein geraspelt in Salaten verwenden (nussähnlicher Geschmack) oder als gegartes Gemüse mitverwenden (süßliches Aroma).

Weitere Hinweise

Mit seinem schmucken Blattwerk eignet sich das vitale und anpassungsfähige Gänse-Fingerkraut gut als Bodendecker in naturnahen Gärten, beispielsweise entlang von Wegen, in Rabatten, an Steintreppen, Böschungen oder Natursteinmauern.

Blätter: April bis September/Oktober
Wurzeln: Oktober bis März

junge Blätter und Wurzeln

reich an Vitamin C · hoher Gehalt an Gerb- und Bitterstoffen · Flavonoide, Schleimstoffe, Kumarine

krampflösend · schmerzstillend · bei Durchfall und Menstruationsstörungen · bei Entzündungen von Mund- und Rachenraum · zusammenziehend (adstringierend)

Bei einem Reizmagen ist auf den Verzehr von Gänse-Fingerkraut zu verzichten!

Ergänzend 1 TL Weizengraspulver hinzufügen.

Extratipp Dieses wild-würzige **Salatdressing** peppt Blattsalate auf: Etwa 10 Gänse-Fingerkraut-Blätter waschen, in grobe Stücke schneiden und zusammen mit 2 TL Senf, 1 Msp geriebenem Meerrettich, Salz und Pfeffer, 1 EL Apfelessig, 2 EL Olivenöl sowie 30–50 ml Wasser oder Sahne / Rahm in einem kleinen Mixbecher pürieren.

Giersch-Smoothie

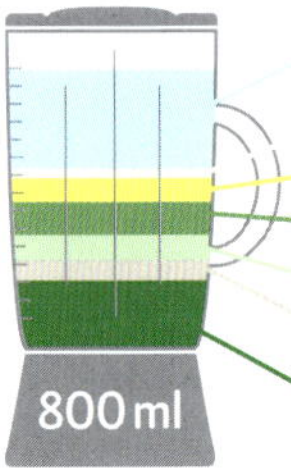

500 ml **reines Wasser**
1 cm **Ingwerwurzel**
1 **Zitrone**
1 **Salatgurke**
1 **Apfel**
½ **Banane**
60 g **Gierschblätter**

Zubereitung

Aus den Zutaten im Mixer einen Smoothie bereiten wie auf der vorderen Buchklappe und Seite 7 beschrieben.

Rezeptvarianten

V1 Für eine süßere Variante ein bis drei entsteinte Datteln oder getrocknete Feigen dazugeben. Bei frischen Feigen die Menge verdoppeln. Alternativ die Salatgurke durch die entsprechende Menge Wassermelone ersetzen.

V2 Für eine kalte Sommersuppe **(Gazpacho)** Banane und Ingwerwurzel weglassen, dafür eine halbe Avocado, eine kleine Zwiebel, eine Knoblauchzehe und eine Messerspitze Chili dazugeben, mit Salz und Pfeffer abschmecken.

GOJIBEERE

Lycium barbarum

Vorkommen

→ Bocksdorn stammt aus den Steppenlandschaften Zentralasiens und wurde nach Mitteleuropa eingeschleppt, wo er heute verbreitet wächst

→ vor allem auf Brachland und sonnigen, nicht bewirtschafteten Flächen (Böschungen)

Merkmale & Aussehen

meist 2–3 m, seltener bis 4 m hohe, sommergrüne Sträucher · lange, dünne, leicht bedornte Zweige · Blätter graugrün, länglich lanzettförmig, glattrandig, einzeln oder gegenständig angeordnet · sternförmige, für Nachtschattengewächse typische, blasslila Blüten, fünfzählig · Früchte 5–12 mm groß, länglich-oval, leuchtend orangerot, sehr saftig

***Typisch:** Die Sträucher besitzen ausladend wachsende, bogenartig überhängende Zweige. Die orangeroten Früchte erinnern optisch an etwas zu kurz geratene Mini-Chilischoten, schmecken aber süß-säuerlich.*

Sammeltipps

Die saftigen und dünnhäutigen Gojibeeren platzen beim Pflücken leicht auf und sind in frischem Zustand nicht lange haltbar. Daher die kleinen Früchte mit Fingerspitzengefühl pflücken und bei Temperaturen unter 42 °C in Rohkostqualität trocknen. In kleinen, dunklen Schraubgläsern aufbewahren.

Weitere Hinweise

Noch bis vor einigen Jahren galten die Beeren des „Bocksdorn", „Wolfsdorn" oder „Teufelszwirn" irrtümlich als giftig. Heute werden „Gojibeeren" als stark wirksames Anti-Aging-Mittel verkauft. Die raumgreifenden Sträucher können im Garten kultiviert werden (auf Qualität achten, nur manche Sorten tragen reichlich Beeren).

August bis Oktober

leuchtend rote, etwa 1 cm große Beeren

sehr reichlich B-Vitamine · viel Vitamin C · Spurenelemente wie Mangan, Selen, Eisen und Zink · Karotinoide · Aminosäuren · LBPs (Lycium-Barbarum-Polysaccharide)

stark antioxidative Wirkung · Anti-Aging-Effekt · Stärkung des Immunsystems · Verbesserung von Blut- und Hautbild · Erhöhung der Leistungsfähigkeit · Unterstützung der Sehkraft · gegen Bluthochdruck · laut der Traditionellen Chinesischen Medizin neben Grünem Tee und Ginseng eine der wirkungsvollsten Pflanzen zur allgemeinen Vitalisierung und Stärkung

Das Bundesinstitut für Arzneimittel und Medizinprodukte warnt vor einer gefährlichen Wechselwirkung von Gojibeeren mit bestimmten „blutverdünnenden" (gerinnungshemmenden) Medikamenten: Hier besteht ein erhöhtes Risiko für Blutungen.

Den Pudding mit 1 EL Hanfsamen anreichern.

Extratipp Da Gojibeeren aus dem Handel oft mit Pestiziden belastet sind, ist beim Kauf auf qualitativ hochwertige Bio-Siegel zu achten.

Goldnessel-Smoothie

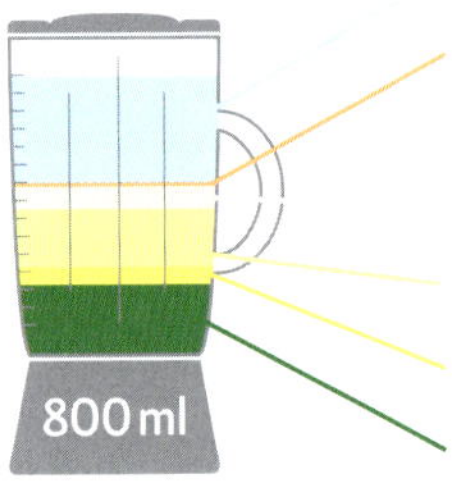

400 ml **reines Wasser**
1 Msp **Chilipulver** nach Geschmack
4 EL **Birnendicksaft**
400 g reife **Ananas**
1 **Zitrone** oder **Limette**
100 g **Goldnessel** (Triebspitzen und Blätter)

+

Gold- oder **Taubnesselblüten** für die Garnitur

Rezeptvariante

- Anstelle von Ananas anderes süßes Obst dazugeben, beispielsweise Birne oder Wassermelone.

Zubereitung

Aus den Zutaten im Mixer einen Smoothie bereiten wie auf der vorderen Buchklappe und Seite 7 beschrieben.

Lamium galeobdolon

GOLDNESSEL

Vorkommen

→ in Laubwäldern
→ an Waldrändern und in Hecken

Blätter und Triebspitzen: ganzjährig
Blüten: April bis Mai

junge Blätter und Triebspitzen, Blüten

Mineralstoffe wie Kalium und Kalzium · Spurenelemente wie Eisen und Zink · ätherisches Öl · Flavonoide · Gerb- und Schleimstoffe

belebend · entzündungshemmend · verdauungsfördernd
harntreibend · schleimhautschützend · antibakteriell

Fügen Sie dem Smoothie mit 1 TL Moringa-Pulver noch weitere, hochkonzentrierte Vitalstoffe hinzu.

Merkmale & Aussehen

5–60 cm hohe, mehrjährige und immergrüne Staude · vierkantige Triebe, bewurzeln sich neu aus den Blattachseln · behaarte Blätter, eiförmig bis lanzettlich, oft mit auffälliger, silbergrauer Zeichnung, kreuzgegenständig angeordnet, Blattrand grob gezähnt · goldgelbe Blüten, oft mit orangener Zeichnung auf der Unterlippe

***Typisch:** Erscheinungsbild und Blätter der Goldnessel erinnern stark an die Brennnessel, wobei die Goldnessel keine Brennhaare aufweist. Auffällig sind ihre quirl- und etagenartig angeordneten, goldgelben Lippenblüten.*

Sammeltipps

Auch wenn die Blätter der Goldnessel im Frühjahr feiner und zarter schmecken, sind ihre immergrünen Blätter im Winterhalbjahr doch eine wichtige Quelle für frisches Grün aus der Natur. Die Oberfläche der Blätter fühlt sich etwas rau an; mit Obst püriert sind sie eine feine Smoothie-Zutat. Auch die nahen Verwandten Weiße Taubnessel *(Lamium album)* und Gefleckte Taubnessel *(Lamium maculatum)* sind essbar und eignen sich ebenso gut für Smoothies.

Weitere Hinweise

Die schmucken Pflanzen können auch gut in naturnah bewirtschafteten Gärten angesiedelt werden. Mit ihrer hübschen Blattzeichnung und den goldgelben Blüten hellen sie halbschattige Bereiche auf. Goldnesseln sind pflegeleichte Bodendecker, bilden jedoch Ausläufer und müssen daher im Zaum gehalten werden.

Extratipp Die gelben Lippenblüten der Goldnessel erscheinen ab April und ergeben eine außergewöhnlich schöne essbare Garnitur für Salate und allerlei Speisen. Kinder saugen gerne den süßen Nektar aus den Blüten.

Hagebutten-Dessertcreme

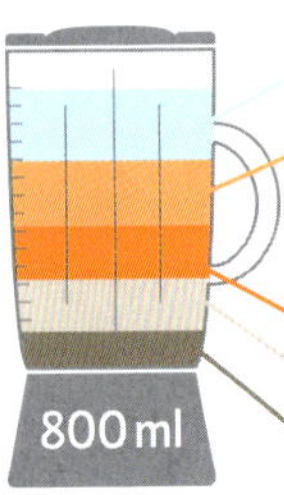

200 ml **reines Wasser**
200 g **Hagebuttenmark** (siehe „Weitere Hinweise") oder
4 EL **Hagebuttenpulver** +
100 ml **Wasser**
2 **Orangen**
2 **Bananen**
4 **Datteln**

Zubereitung

Aus den Zutaten im Mixer einen Smoothie bereiten wie auf der vorderen Buchklappe und Seite 7 beschrieben.

Rezeptvariante

- v Für einen **Brotaufstrich** 2 EL Hagebuttenpulver mit 2 EL reinem Wasser, 3 EL Birnendicksaft oder Agavendicksaft und etwas Zitronensaft vermengen. Fünf Minuten abgedeckt ruhen lassen.

Extratipp Im Winter zur Stärkung des Immunsystems täglich 1 EL Hagebuttenmark oder 2 TL Hagebuttenpulver zu sich nehmen: Lecker in Müsli, Joghurt, Dessert, Salatdressing oder in Smoothies.

HAGEBUTTE

Vorkommen

→ Die Hecken- oder Hundsrose *(Rosa canina)* ist die häufigste heimische Wildrose
→ oft in Feldgehölzen und Hecken
→ an sonnigen Waldrändern, Böschungen
→ auf länger ruhendem Brach- oder Ödland

Merkmale & Aussehen

bis zu 3 m hoher, sommergrüner Strauch · lange Zweige hängen oft bogig über, bewehrt mit kräftig ausgebildeten, gekrümmten Stacheln · Blätter mit fünf bis sieben ovalen Teilblättern unpaarig gefiedert, wechselständig, scharf gesägt · Blüten aus fünf grünen Kelchblättern, fünf rosa oder weißen Blütenblättern und vielen leuchtend gelben Staufgefäßen, zarter Duft · rote bis orangefarbene, ovale bis eiförmige Früchte (Hagebutten)

***Typisch:** Reife Hagebutten erkennt man an ihrer leuchtend orangeroten Farbe und ihrem schwarzen „Käppchen", also dem vertrockneten Blütenkelch. Die Nüsschen im Inneren der Beeren werden von Kindern gerne als „Juckpulver" gebraucht.*

Sammeltipps

Aufgrund der Stacheln sind Handschuhe bei der Ernte sinnvoll. Prinzipiell sind die Früchte aller Rosen essbar – auch die der Edelrosen in unseren Gärten und Parks. Allerdings sind diese meist mit chemischen Mitteln behandelt und daher ungenießbar. Wilde oder selbst angebaute Hagebutten sind also erste Wahl. Besonders wertvoll für den Eigenanbau ist die „Pillnitzer Vitaminrose" (bis zu 1,7 g Vitamin C / 100 g Frucht), eine durch Auslese gewonnene Sorte der wilden Hundsrose.

Weitere Hinweise

400–500 g frische, vollreife Hagebutten ergeben ungefähr 200 g Hagebuttenmark (je nach Fruchtfleischdicke der Rosensorte). Die Früchte waschen, von Stielen und dunklen Käppchen befreien. Die so vorbereiteten Hagebutten in einem Dämpfeinsatz im Schnellkochtopf ca. 15 Minuten schonend garen. Die Fruchtmasse anschließend durch eine Flotte Lotte (Passevite) drehen oder durch ein Sieb bzw. Tuch streichen, um Kerne und Härchen auszusieben. Zum Aufbewahren mit Gelierzucker (1:3) einkochen und in Schraubdeckelgläser abfüllen.

September und Oktober

Hagebutten, die Früchte der Rosen, besonders von Hunds- und Kartoffelrose (*Rosa canina* und *R. rugosa*)

außerordentlich reich an Vitamin C (500–1700 mg Vitamin C/100 g Frucht) · Vitamine A, K, P und B-Vitamine · Karotinoide · Kalium, Natrium, Kalzium, Magnesium, Eisen, Phosphor · Fruchtsäuren, Pektine, Zucker und Gerbstoffe

Stärkung des Immunsystems · Anti-Aging-Effekt · schützt vor Erkältungen · hilft bei der Rekonvaleszenz nach Krankheiten · regt die Nierentätigkeit an · leicht abführend · pflegt die Haut · steigert die Mobilität der Gelenke · bei rheumatischen und arthritischen Gelenkschmerzen

Nach dem Verzehr von unnormal großen Mengen von Hagebutten sind unter Umständen Übelkeit, Erbrechen oder Durchfall möglich.

Der Creme ½ TL Ceylon-Zimtpulver, Hildegard-Keksgewürz oder Dessertcurry hinzufügen.

Heidelbeersorbet

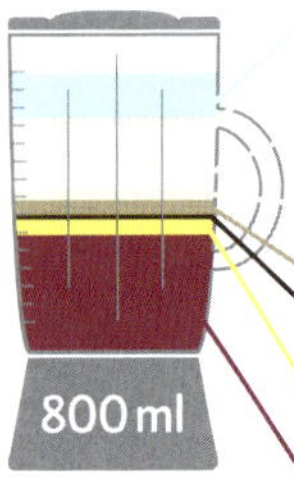

100 ml **reines Wasser**
1 TL **Ceylon-Zimtpulver**
200 ml **Mandel-** oder **Haselnussmilch**
2–3 EL **Birnen-** oder **Agavendicksaft**
2 EL **Mandelmus**
½ **Vanillestange**, ausgekratztes Mark
1 **Limette**
425 g **Heidelbeeren**

+

helle und dunkle **Sesamsamen** für die Garnitur

Zubereitung

Alle Zutaten im Mixer zubereiten wie auf der vorderen Buchklappe und Seite 7 beschrieben. Die Masse in einer Eismaschine gefrieren lassen. Alternativ in einer großen Schüssel in den Gefrierschrank stellen und mindestens eine Stunde gefrieren lassen. Dabei mehrmals kräftig umrühren, damit das Sorbet eine möglichst cremige Konsistenz bekommt. Nach Geschmack mit Sesam garnieren.

HEIDELBEERE

Vorkommen

→ in lichten Nadelwäldern der Mittelgebirge
→ auf moorigen Böden
→ in Heidelandschaften
→ in den Alpen

Merkmale & Aussehen

10–50 cm hohe Zwergsträucher · Blätter eiförmig bis elliptisch, gezähnt, wechselständig, im Herbst mit rötlicher Färbung · kleine, weiß-grüne Blütenglöckchen, oft rötlich überlaufen · 3–10 mm große Beeren, blaugrau bereift

Typisch: *Wilde Heidelbeeren besitzen charakteristische, reich verzweigte, grüne, kantige Stängel (von Floristen gerne genutzt). Ihr Fruchtfleisch ist blau – im Gegensatz zur innen farblosen, selteneren und fade schmeckenden Rauschbeere (Vaccinium uliginosum), die in größeren Mengen zu Vergiftungserscheinungen führen kann.*

Sammeltipps

Wilde „Blaubeeren" färben Hände, Zunge, Lippen – und Kleider. Beim Sammeln ist daher ältere oder unempfindliche Kleidung empfehlenswert. Das schnellere und rabiate Abernten der Zwergsträucher mit sogenannten Heidelbeerkämmen ist in Deutschland in vielen Bundesländern aus Gründen des Naturschutzes verboten.

Weitere Hinweise

Achten Sie darauf, nur ganz violettblaue Beeren zu pflücken: Erst in den letzten Tagen bis zur Vollreife wird die ganze Fülle der Vitalstoffe ausgebildet. Heidelbeerpflanzen aus dem Handel stammen ausschließlich von US-amerikanischen Heidelbeerarten ab. Diese Sträucher werden mitsamt Beeren größer, die Früchte schmecken allerdings deutlich weniger aromatisch als bei unserer Wildform. Ihr Fruchtfleisch ist farblos.

Extratipp Für eine **Fruchtsauce** 200 g Heidelbeeren mit einer reifen Banane, 1 TL Zitronensaft und 1 EL Ahornsirup oder Akazienhonig in einem kleinen Becher pürieren. Die Sauce passt gut zu Pfannkuchen oder Waffeln.

Juli bis Mitte September

Beeren

besonders reich an antioxidativen Wirkstoffen (Anthozyane, die dunklen Farbstoffe, und weitere Flavonoide) · Spurenelemente wie Mangan und Chrom · B-Vitamine, Vitamin C und E · Pektine, Fruchtsäuren · Gerbstoffe

stark antioxidative Wirkung als Radikalfänger · Anti-Aging-Effekt · kräftigt das Immunsystem · gut für Augen und Sehleistung · verdauungsfördernd · getrocknete Beeren bei Durchfall · bei Entzündungen in Mund und Rachen

Verwechslungen mit der Rauschbeere *(Vaccinium uliginosum)* sind möglich, siehe „Typisch". Vom Genuss der Heidelbeerblätter rät das Bundesgesundheitsamt ab: Bei falscher Dosierung kann es zu Vergiftungserscheinungen kommen.

Einige Tropfen gereiften Balsamessig über das Eis träufeln.

Hirtentäschel-Smoothie

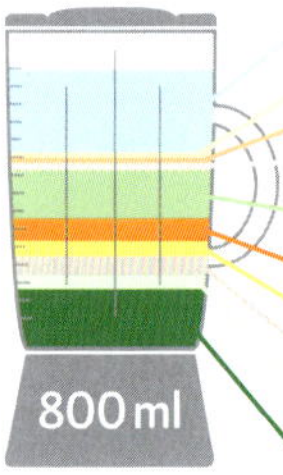

- 400 ml **reines Wasser**
- 1 Msp **Ingwerpulver**
- 1 Msp **Chili**
- 1 EL **Leinöl**
- 200 g **Brokkoli-Röschen**
- 1 **Orange**
- ½ **Zitrone**
- ½ **Banane**
- ½ **Avocado**
- 50 g **Hirtentäschel** (junge Blätter)

Zubereitung

Aus den Zutaten im Mixer einen Smoothie bereiten wie auf der vorderen Buchklappe und Seite 7 beschrieben.

Rezeptvarianten

V1 Alternativ zu diesem pikanten, wärmenden Smoothie Chili und Ingwer für eine mildere Variante weglassen, stattdessen eine ganze Banane oder eine ganze Avocado verwenden.

V2 Für eine **kalte Suppe** eine halbe Salatgurke, eine halbe Avocado zusätzlich, eine Knoblauchzehe und weitere 100 ml Wasser hinzufügen, mit Salz abschmecken.

Capsella bursa-pastoris

HIRTENTÄSCHEL

Vorkommen

→ häufiges Beikraut auf Gemüsebeeten und im Garten
→ auf Wiesen, Feldern und brachliegenden Flächen
→ an Wegrändern

Merkmale & Aussehen

bis zu 50 cm hohe, ein- bis zweijährige Pflanze · Grundblätter in einer bodenständigen Rosette · sattgrüne, gestielte, stängelumfassende und stark gezähnte Blätter · zahlreiche, kleine, vierzählige, weiße Blüten in Kreuzform („Kreuzblütler") · gestielte, vom Trieb abstehende Samenschoten

***Typisch:** Das Hirtentäschel fällt besonders durch seine vielen herzförmigen Samenschoten ins Auge, die an dünnen Stielen fast waagrecht vom Stängel abstehen.*

Sammeltipps

Im Frühjahr und im Sommer sammelt man die grünen Blätter und Blütenstände der aufstrebenden Triebe sowie die würzigen Samen. In Herbst und Winter werden die grünen Blätter von Blattrosetten einjähriger Pflanzen sowie die weißen Wurzeln geerntet.

Weitere Hinweise

Die Blätter des Hirtentäschels schmecken leicht scharf und ergeben eine kresseartige Würze für Salate, Saucen oder Kräuterquark. Die jungen, knospigen Pflanzen (März bis Juni) ergeben ein leckeres Pfannengemüse. Auf einem nährstoffreichen Gartenboden lässt sich das pflegeleichte Hirtentäschel auch gut selbst ziehen: einfach reife Samen in der Natur sammeln und aussäen. Besonders wertvoll im Winter!

Extratipp In Herbst und Winter besitzt das Hirtentäschel etwa bleistiftdicke, weiße Wurzeln. Diese sind jetzt zart und schmecken angenehm scharf: Bereichern Sie Ihren Smoothie mit einer solchen Wurzel.

Blätter: ganzjährig
Blüten: April bis Oktober
Samen: Juni bis September
Wurzeln: Herbst und Winter

Wurzel, Blätter, Blüten, Samen

sehr hoher Vitamin-C-Gehalt (bis zu 177 mg/100 g Blätter) · reich an Kalium und Kalzium · Senfölglykoside · Flavonoide

allgemein stärkend · regt den Stoffwechsel an · antibiotische Wirkung · entwässernd · bei Menstruationsstörungen und Blutungen

Der (normalerweise völlig harmlose) Inhaltstoff Tyramin kann bei dafür empfindlichen Personen eine Allergie oder Migräne auslösen. Unter der Einnahme von unselektiven MAO-Hemmern (Antidepressiva) kann es zu einer Anreicherung des Tyramins mit Bluthochdruck bis hin zu einer hypertensiven Krise kommen. Hirtentäschel nicht in unüblichem Übermaß oder länger als sechs Wochen einnehmen (siehe auch Seite 11).

Am Morgen dem Smoothie 1 Msp anregendes und vitalisierendes Matchapulver hinzufügen. Alternativ frischen Ingwer dazureiben.

Johannisbeer-Schicht-Dessert

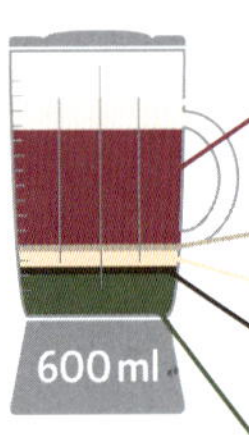

VIOLETTE SCHICHT

50 ml **Mandelmilch**
500 g **Schwarze Johannisbeeren**
1 EL **Mandelmus**
3 EL **Ahornsirup**
½ **Vanillestange**, ausgekratztes Mark
20 g Blätter der **Schwarzen Johannisbeere**

HELLE SCHICHT

50 ml **Haselnuss-, Mandel-** oder **Hafermilch**
1 EL **Agaven-** oder **Birnendicksaft**
1 **Banane**
80 g **Cashewkerne**

\+

20 g **Mandeln,** geschält und gehackt
frische **Minzeblätter**

Zubereitung

Beide Cremes getrennt voneinander mixen wie auf der vorderen Buchklappe und Seite 7 beschrieben. Gehackte Mandeln unter die helle Creme heben. Abwechselnd schichtweise in kleine Gläser einfüllen, mit Minze garnieren.

Ribes nigrum

SCHWARZE JOHANNISBEERE

Vorkommen
→ als Wildform in Schlucht- und Auenwäldern
→ in lichten und feuchten Erlenbrüchen
→ in feuchten Gebüschen

Merkmale & Aussehen
100–150 cm hohe Büsche ohne Stacheln · Blätter gelappt, Blattoberseiten dunkelgrün · Blattunterseiten graugrün, mit gelblichen Drüsen besetzt und behaart · kleine, unscheinbare, grüngelbe Blütentrauben · schwarze Beeren (8–12 mm groß)

***Typisch:** Die Knospen, Früchte und Blätter der Schwarzen Johannisbeere verströmen einen starken, teilweise als unangenehm empfunden Geruch nach Cassis – besonders, wenn man sie zwischen den Fingern zerreibt.*

Sammeltipps
Die Beeren färben sich oft schon Anfang Juli dunkel, sind dann aber noch nicht richtig reif! Erst die vollreifen Beeren im August entfalten das ganze Cassis-Aroma und enthalten dann auch eine deutlich höhere Konzentration an Vitaminen und antioxidativ wirksamen Farbstoffen.

Weitere Hinweise
Schwarze Johannisbeeren eignen sich hervorragend zum Anbau in pflegeleichten Gärten. Die kleinen Büsche bevorzugen einen humosen, neutralen bis leicht sauren und feuchten Boden. Ideal ist ein Standort im Halbschatten. Um die Beeren vor Vögeln zu schützen, ist es ratsam, rechtzeitig ein Netz über die Büsche zu spannen.

Knospen: März
Blätter: April bis Juni
Beeren: Ende Juli, August

Beeren, junge Knospen und Blätter für Tee

außerordentlich hohe Konzentrationen an Antioxidanzien · sehr viel Vitamin C · B-Vitamine · Kalium · Kalzium · Eisen · Selen · Ballaststoffe

zur Kräftigung und Stärkung, besonders des Immunsystems · Anti-Aging-Effekt · den Stoffwechsel anregend · verdauungsfördernd · hautpflegend · entwässernd · vorbeugend gegen Herz-Kreislauf-Erkrankungen

Zusätzlich ½ TL Ceylon-Zimtpulver oder Lebkuchengewürz in der violetten Schicht mitmixen.

Extratipp In Frankreich sehr beliebt ist der aus Schwarzen Johannisbeeren hergestellte Cassis-Likör, der gerne mit Champagner aufgegossen wird („Kir royal"). Auch mit den pürierten Beeren lassen sich allerlei aromatische Getränke herstellen (etwa 1 EL pürierte Schwarze Johannisbeeren pro Glas).

Smoothie mit Knoblauchsrauke

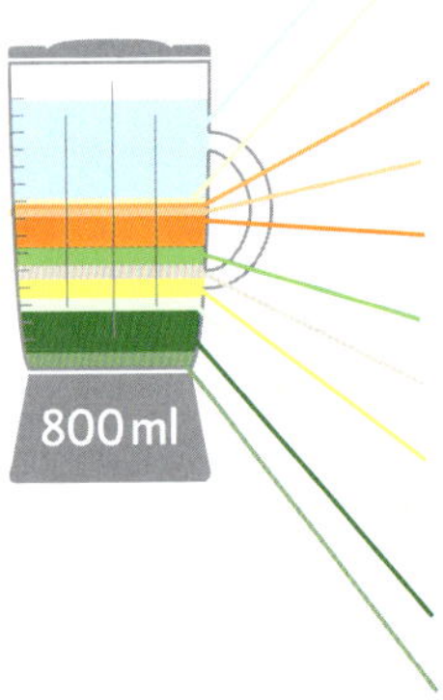

600 ml **reines Wasser**
1 cm **Ingwer** oder
½ TL **Ingwerpulver**
1 Msp **Kurkuma**
1 Msp **Chilipulver**
1 **Orange**
½ **Salatgurke**
½ **Banane**
½ **Zitrone**
¼ **Avocado**
120 g **Kopfsalat**
30 g **Knoblauchsrauke** (Blätter, Triebspitzen, Blüten)

Zubereitung

Aus den Zutaten im Mixer einen Smoothie bereiten wie auf der vorderen Buchklappe und Seite 7 beschrieben.

Rezeptvariante

v Für süßere Ergebnisse noch eine halbe Banane oder eine reife Birne oder drei entsteinte Datteln dazugeben.

Alliaria petiolata

KNOBLAUCHSRAUKE

Vorkommen

→ an schattigen, feuchten Plätzen in Laub- und Mischwäldern
→ am Waldrand
→ an Hecken

Merkmale & Aussehen

20–100 cm hohe, zwei- bis mehrjährige Pflanze · in kräftigem Froschgrün · bodennahe Blätter rundlich, lang gestielt, mit gewelltem Rand · Blätter nach oben zur Blüte hin zunächst dreieckig, dann reduziert und lanzettförmig mit kürzer werdendem Blattstiel · weiße Blüten

***Typisch:** Beim Zerreiben der Blätter ist der Geruch nach Knoblauch sofort wahrnehmbar. Die weißen Einzelblüten besitzen vier Blütenblätter, die kreuzförmig angeordnet sind („Kreuzblütler"). Jeweils mehrere davon ergeben einen traubigen Blütenstand.*

Sammeltipps

Die meisten, zartesten und aromatischsten Blätter gibt es im Frühjahr zu ernten. In der übrigen Zeit bieten sich die kleineren und rundlichen Blätter der Jungpflanzen im ersten Wuchsjahr fast ganzjährig zum Sammeln an – was jedoch etwas zeitaufwendiger ist. Die schwarzen Samen der Knoblauchsrauke lassen sich auch leicht im Garten aussäen, beispielsweise unter Hecken und Sträuchern.

Weitere Hinweise

Beim Kochen verflüchtigt sich das Aroma der Knoblauchsrauke leicht; man verarbeitet sie daher am besten roh. Die ausgereiften Samen schmecken sehr pikant und lassen sich wie Pfeffer- oder Senfkörner verwenden. Für ein würzig-aromatisches **Pesto** die Blätter mit Sonnenblumen-, Walnuss-/Baumnuss oder Mandelkernen und einem hochwertigen Olivenöl im Mixer pürieren, mit Salz und Pfeffer abschmecken.

Extratipp Die Blätter der Knoblauchsrauke verleihen einem grünen Salat mehr Geschmack und einen deutlich höheren Vitalstoffgehalt: einfach pro Salatkopf eine Handvoll gewaschener und zerkleinerter Blätter von der Knoblauchsrauke untermischen.

Hauptsaison: April bis Juni
Jungpflanzen: September bis März

Blätter, Triebspitzen, Blüten und Samen

reich an Vitamin A und C · Senfölglykoside · ätherisches Öl · Mineralstoffe

antibiotische Wirkung durch Senfölglykoside · wirksam gegen Bakterien, Viren und Pilze · „blutreinigend" · verdauungsfördernd · leicht harntreibend · als Bestandteil einer Frühjahrskur · schleimlösend bei Atemwegserkrankungen

Der Verzehr von übermäßig großen Mengen (weit über das hier angegebene Maß hinaus) und längerfristige Dauereinnahmen können die Schleimhaut reizen und einen negativen Einfluss auf die Darmflora haben (siehe auch Seite 11).

Als weitere stärkende Zutat frische Alfalfa-Sprossen dazugeben.

Extratipps

Die entgiftungsfördernde Wirkung des Löwenzahns wird durch das Trinken von reichlich reinem Wasser oder mildem Kräutertee unterstützt. Alternativ zu den Blättern können Sie im April/Mai ausschließlich Löwenzahnblüten für einen gelbgrünen Smoothie verwenden. Die entgiftende Wirkung ist ähnlich; auch die Blüten enthalten Bitterstoffe.

Löwenzahn-Smoothie

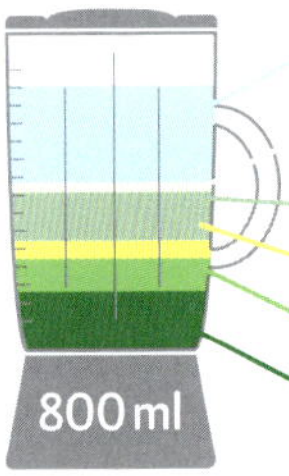

400 ml **reines Wasser**
1 cm **Ingwerwurzel** oder
½ TL **Ingwerpulver**
2 große **Birnen**
1 **Zitrone**
½ **Avocado,** ½ **Salatgurke**
75 g **Löwenzahnblätter**

+

Löwenzahn-Blütenblätter
zum Verzieren

Zubereitung

Aus den Zutaten im Mixer einen Smoothie bereiten wie auf der vorderen Buchklappe und Seite 7 beschrieben.

Rezeptvarianten

V1 Wer den bitterstoffhaltigen Smoothie lieber süßer mag, gibt noch zwei entsteinte Datteln oder 1 EL Birnendicksaft dazu.

V2 Um den Gehalt der entgiftenden Bitterstoffe zu steigern, noch eine kleinere Portion Löwenzahnwurzel hinzufügen.

LÖWENZAHN

Vorkommen

- → weitverbreitet auf Wiesen und Rasenflächen
- → als Beikraut im Nutz- und Ziergarten
- → auf Feldern
- → in Hecken
- → am Waldrand

Merkmale & Aussehen

5–40 cm hohe, ausdauernde, krautige Pflanze · bis zu 1 m lange Pfahlwurzel · Blütenstiele blattlos und hohl, leicht befilzt · Blätter vielgestaltig: eiförmig bis lanzettlich, unregelmäßig gelappt, stark gezähnt · Blätter bilden eine teils flache, teils aufrecht stehende Rosette · goldgelbe Blüte wird zur „Pusteblume"

***Typisch:** Alle Pflanzenteile des Löwenzahns enthalten weißen Milchsaft. Dieser ist ungiftig, hinterlässt aber auf Händen und Kleidern hartnäckige braune Flecken.*

Sammeltipps

Da Löwenzahn weitverbreitet wächst, kann man ihn zwischen März und Oktober leicht finden und ernten. Im Winter ist der Arbeitsaufwand höher, weil man mit einem kleinen Küchenmesser ganze Pflanzen ausstechen muss, um die noch grünen Blätter im Herzen der Rosette herauszulösen. Die Wurzel wird am besten mithilfe einer Grabgabel ausgegraben, damit sie nicht abbricht. Im April und Mai lassen sich Knospen (Gemüse, „Kapern" auf Seite 29) und Blüten (Gemüse, Sirup, Gelee) ernten.

Weitere Hinweise

Um das aufwendigere Sammeln im Winter zu vermeiden, erntet man im Frühjahr/Sommer einen Vorrat an Blättern. Diese werden getrocknet und in einer kleinen Küchen- oder Kaffeemühle zu Smoothie-Pulver vermahlen. Auch die Wurzeln kann man im Oktober/November auf Vorrat ernten und trocknen. Im Backofen geröstet und gemahlen, ergeben sie neben einer guten Smoothie-Zutat einen schmackhaften und gesunden Kaffee (nur zwei bis drei Minuten ziehen lassen, sonst wird er bitter).

Blätter: ganzjährig
Blüten: April bis Mai
Wurzel: Frühjahr (Bitterstoffe), Herbst und Winter (Bitterstoffe und Inulin)

Alle Pflanzenteile, insbesondere die Blätter

sehr vitaminreich, besonders Vitamin C und D · reichlich Kalium · Bitterstoffe · Flavonoide · Eiweiß · Inulin in der Wurzel (Herbst)

bringt den Stoffwechsel in Schwung · anregend für Leber und Galle · basisch · entgiftend · harntreibend · verdauungsfördernd · wichtiger Bestandteil von Frühjahrskuren · zur „Blutreinigung" · bei rheumatischen und arthrotischen Beschwerden · Inulin (Wurzel) wirkt prebiotisch und fördert eine gesunde Darmflora

Nach dem Verzehr von unüblich großen Mengen Löwenzahn kann es zu Bauchschmerzen, Brechreiz oder Durchfall kommen. Nach Hautkontakt sind in Einzelfällen Rötungen mit Juckreiz möglich.

Heimische Breitwegerichsamen dazugeben: Durch die Ballaststoffe wird die entgiftende, darmreinigende und -regulierende Wirkung noch verstärkt. Dazu einfach im Spätsommer frische Breitwegerich-Samenstände sammeln, trocknen und vom Stängel abreiben. Über einer Schüssel vorsichtig hochwerfen und die Spelzen wegblasen, bis nur noch die Samen in der Schüssel verbleiben.

Minze-Eis mit Melone

750 g **Bio-Wassermelone** mit grüner Schale

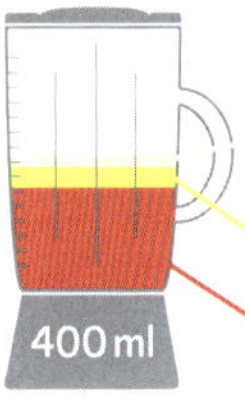

ROTE SCHICHT

1 EL **Agaven-** oder **Birnendicksaft**
1 **Limette**
Fruchtfleisch der Wassermelone, s. o.

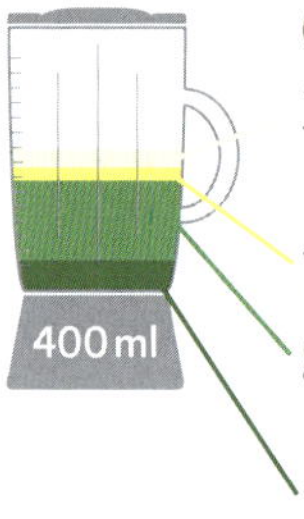

GRÜNE SCHICHT

3 EL **Agaven-** oder **Birnendicksaft**
½ **Limette**
grüne, unbehandelte **Schale** der Wassermelone, s. o.
30 g **Minzeblätter**

Zubereitung

Die Zutaten für beide Schichten getrennt voneinander im Mixer pürieren wie auf Seite 7 und der vorderen Buchklappe beschrieben. Die rote Fruchtmasse jeweils zur Hälfte in saubere Eisformen einfüllen und für ca. 30 Minuten tiefkühlen, bis sich eine erste Eisschicht gebildet hat. Mit der grünen Fruchtmasse auffüllen und ganz gefrieren lassen.

Rezeptvariante

- v Anstelle der Wassermelonenschale je Portion 50 g Spinatblätter verwenden. Wahlweise durch jeweils 1 TL Spinatpulver ersetzen, vermengt mit 4 TL Wasser.

GRÜNE MINZE

Vorkommen

→ häufig an sumpfigen, nassen oder feuchten Stellen in Wiesen
→ in Gräben
→ an Ufern von Bächen und Flüssen

Merkmale & Aussehen

30–100 cm hohe, ausdauernde Pflanze · Stängel vierkantig, grün bis rötlich, verzweigen sich im oberen Bereich · Blätter eiförmig länglich, kreuzgegenständig angeordnet, kaum gestielt, gezähnt · Blüten weiß, rosa bis violett, in ährenartigen Blütenständen · vermehrt sich über Ausläufer

***Typisch:** Beim Zerreiben eines Blattes zwischen den Fingern ist der charakteristische Duft nach Minze gut wahrnehmbar.*

Sammeltipps

Bevorzugt werden junge Blätter und Triebe gesammelt, die noch keine Blüten entwickelt haben: Ihr Gehalt an ätherischem Öl ist höher. Nach einem Rückschnitt treibt die Pflanze nach, sodass man auch im Spätsommer noch „frühlingshafte" Minze ernten kann.

Weitere Hinweise

Alle Minze-Arten lassen sich sehr leicht im Garten, in einem Park, an einem Bach oder einer Böschung anpflanzen. Minzen verbreiten sich durch unterirdische Ausläufer sehr schnell: Um ihren Ausbreitungsdrang einzugrenzen, kann man sie mitsamt Pflanztopf eingraben. Außer einem einmaligen Rückschnitt im Spätherbst benötigen sie keine Pflege. Besonders schmackhaft sind Apfelminze und Marokkanische Minze.

Extratipp Minzen aller Art ergeben eine erfrischende **Dessertsauce:** eine Handvoll Minzeblätter, 1 TL Zitronensaft, 100 ml reines Wasser, 2 EL Akazienhonig oder Ahornsirup sowie ½ TL Johannisbrotkernmehl in einem kleinen Mixbecher pürieren. Schmeckt beispielsweise zu Eis oder Obstsalat.

April bis August

Blätter und Triebspitzen

reich an ätherischem Öl (bis zu 3 %) · Flavonoide · Gerbstoffe

antioxidativ · antibakteriell · entzündungshemmend · regt die Gallentätigkeit an · verdauungsfördernd · beruhigt Magen und Darm

Die aromareiche Pflanze ist „kein Dauer-Hausteegetränk, sondern ein Arzneimittel" (R. F. Weiß). Sie sollte daher nicht langfristig täglich genossen werden. Bei dafür empfindlichen Personen kann die Grüne Minze allergische Reaktionen auslösen.

Anstelle von Minze passt auch Zitronenmelisse in das Eis.

Mispel-Birnen-Smoothie

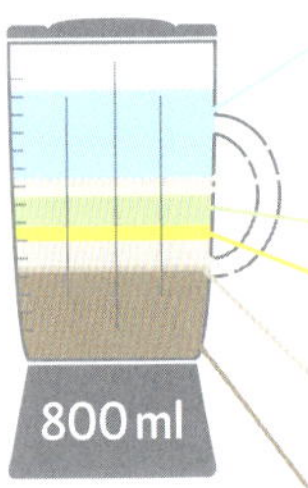

350 ml **reines Wasser**
1 Msp **Ceylon-Zimtpulver**
2 EL **Birnendicksaft**
2 reife, süße **Birnen**
1 **Zitrone** oder **Limette**
1 **Banane**
2 **Walnuss-/Baumnusskerne**
4 große oder 8 kleine **Mispeln**

Zubereitung

Aus den Zutaten im Mixer einen Smoothie bereiten wie auf der vorderen Buchklappe und Seite 7 beschrieben.

Rezeptvarianten

V1 Nur 1 EL Birnendicksaft verwenden und Kokoswasser statt Wasser verwenden.

V2 Für ein **Mispel-Birnen-Fruchtleder** nur ca. 150 ml Wasser verwenden (so viel, dass der Mixer noch arbeitet). Dünn auf ein mit Backpapier belegtes Backblech streichen und im Backofen bei 50 °C und leicht geöffneter Backofentür (Holzkochlöffel einklemmen) etwa acht bis zehn Stunden dörren (maximal 42 °C: Rohkost-Qualität) oder ein Dörrgerät verwenden. Fruchtleder in Streifen schneiden und zu Röllchen aufrollen. Bei anhaltend trockener Witterung lässt sich Fruchtleder auch an einem luftigen Ort innerhalb ca. einer Woche trocken (bei Schimmelbefall sofort entsorgen).

Mespilus germanica

MISPEL

Vorkommen

→ in West- und Süddeutschland häufiger als im Norden und Osten, vereinzelt in Österreich und der Schweiz (bis 800 m)
→ relativ selten auf alten Streuobstwiesen
→ in Feldhecken

Oktober und November

Früchte

Vitamin C · hoher Gehalt an Tanninen (Gerbsäuren) · Pektin · organische Säuren · Zucker

verdauungsfördernd und bei Verdauungsstörungen · pflegt den Darm · harntreibend · adstringierend (zusammenziehend) · „blutreinigend"

Ein feines Gewürz für Mispelrezepte aller Art ist Ceylon-Zimtpulver.

Merkmale & Aussehen

2–5 m hoher Strauch oder kleiner Baum mit knorrigem Wuchs · Blätter etwa 10–12 cm lang, lanzettförmig, wechselständig, besonders an der Unterseite auffallend filzig behaart, im Herbst gelborange · 4 cm große, weiße, einzeln stehende Blüten · spät reifende Früchte mit rauer, brauner Schale, 2–4 cm groß, rundlich bis oval oder birnenförmig

***Typisch:** Charakteristisch sind die braunen, filzig behaarten Mispelfrüchte, die einzeln an den Trieben erscheinen. An ihrem unteren Ende stehen fünf vertrocknete Kelchblätter ab – was so aussieht, als hätten die Früchte kleine Kronen auf.*

Sammeltipps

Meist sind Mispeln auch Ende Oktober noch hart und schmecken sauer und zusammenziehend (adstringierend). Man kann sie dann aber schon ernten und zu Hause, an einem kühlen, dunklen Ort flach und einzeln ausgelegt, drei bis vier Wochen nachreifen lassen. Wenn sie weich und innen braun werden, sind sie nicht faul, sondern schmecken süß und musig. Sie können jetzt roh, im Smoothie, als Mus, Marmelade oder Chutney (siehe Extratipp) verzehrt werden.

Weitere Hinweise

Mispelsträucher und -bäume sind aufgrund ihres knorrigen Wuchses, der schönen Blüte, des Herbstlaubs und wegen ihrer Früchte eine Zierde für jeden Garten. Auch ihre Frosthärte und Unempfindlichkeit gegenüber Trockenheit machen Mispeln zu idealen Pflanzen in einem naturnah gestalteten und pflegeleichten Garten.

Extratipp Mispeln lassen sich mit Quitten, Zimt, Kardamom, Chili, etwas Essig und Rohrohrzucker gut zu einem würzig-aromatischen **Chutney** einkochen.

Möhren-Smoothie

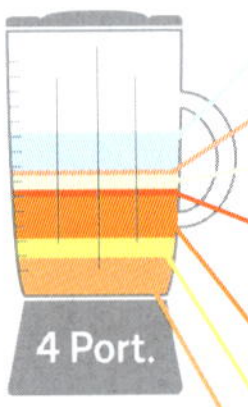

ORANGEFARBENE SCHICHT

200 ml **reines Wasser**
1 Msp **Chili**
2 EL **Birnendicksaft**
2 TL **Sanddorn-Fruchtfleischöl**
2 **Orangen**
1 **Zitrone** oder **Limette**
2 große **Kultur-Möhren**

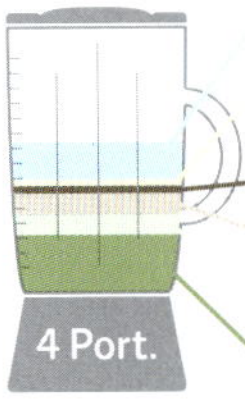

GRÜNE SCHICHT

200 ml **reines Wasser**
1 cm **Ingwerwurzel** oder ½ TL **Ingwerpulver**
1 EL **Chiasamen**
1 **Banane**
1 **Apfel**
50 g **Möhrenkraut**

Zubereitung

Beide Schichten getrennt voneinander im Mixer zubereiten wie auf der vorderen Buchklappe und Seite 7 beschrieben. Abwechselnd in Gläser einfüllen.

Rezeptvarianten

- **V1** Sanddornsaft statt reinem Wasser verwenden, Zitrone oder Limette weglassen.
- **V2** Für eine herzhafte kalte Suppe **(Gazpacho)** aus der orangefarbenen Schicht nur eine Orange und 1 EL Birnendicksaft verwenden. Zusätzlich 50 ml Wasser, 1 EL Erdnussmus, Salz und Pfeffer oder Chilipulver mitmixen.

WILDE MÖHRE

Vorkommen

→ häufig in trockenen Wiesen und Streuobstwiesen
→ an Böschungen und auf Brachflächen

Merkmale & Aussehen

Wildform der Kultur-Möhre · 30–120 cm hohes, zweijähriges Doldengewächs · durchgehend kräftig behaarter Stängel mit Längsrinnen · Blätter doppelt gefiedert, ähnliche Form wie Kultur-Möhre · doppeldoldiger Blütenstand aus weißen bis rosa Blüten, meist mit charakteristischem, dunklem Mittelpunkt („Möhrenblüte") · weiße Pfahlwurzel

***Typisch:** Zerreibt man Blätter oder Stängel der Wilden Möhre zwischen den Fingern, ist der intensive Duft nach Möhren unverkennbar. Ein weiteres eindeutiges Merkmal ist die „Möhrenblüte" (siehe „Merkmale & Aussehen").*

Sammeltipps

Wilde Möhren sind zweijährig. Die Wurzeln schmecken jedoch nur im ersten Wuchsjahr, bevor der Stängel im zweiten Jahr austreibt und die Pflanze zu blühen beginnt. Dann schmeckt die Wurzel scharf und wird holzig. Bei der Ernte im ersten Wuchsjahr muss man die Pflanze anhand der Blattrosette erkennen, was durch den Möhrengeruch jedoch vereinfacht wird. Die Blätter sind besonders vor der Blüte zu empfehlen.

Weitere Hinweise

Wilde Möhren können auch leicht im Garten angesiedelt werden. Dazu im Herbst reife Samen sammeln und diese gleich auf einem brachliegenden Gartenbeet großflächig aussäen, oberflächlich in die Erde einharken. Im Frühjahr bei Bedarf zu dicht stehende Jungpflanzen vereinzeln.

Wurzel: Oktober bis Winterende
Blätter: März bis Juni

Wurzel: im ersten Wuchsjahr
Blätter: im ersten und zweiten Wuchsjahr

Wurzel: Vitamin B_1 und B_2, Vitamin C · Flavonoide · ätherisches Öl · Pektin · Kalium · weniger Karotinoide als die Kultur-Möhre
Blätter: Eisen · Kalzium und Kalium · Vitamin C

harntreibend · Karotinoide werden im Körper zu Vitamin A verwandelt und unterstützen die Sehkraft

Verwechslungsgefahr mit anderen, giftigen, weiß blühenden Doldenblütlern, besonders Hundspetersilie *(Aethusa cynapium)* und Gefleckter Schierling *(Conium maculatum)*. Beide Arten riechen beim Zerreiben der Blätter sehr unangenehm und ihre Stängel sind nicht behaart. Daneben gibt es noch den Giftigen Wasserschierling *(Cicuta virosa)* mit fingerförmigen, gezähnten Blättern. Sammeln Sie die Wilde Möhre nur, wenn Sie diese hundertprozentig erkennen!

Frische Radieschen-Sprossen passen gut zum Möhren-Aroma.

Smoothie „Grüner Weckruf“

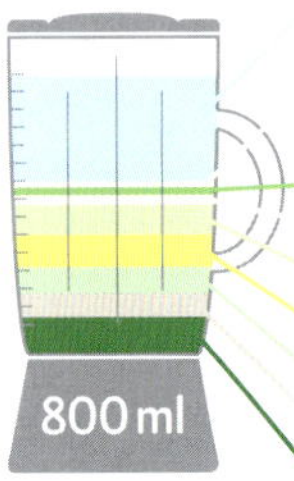

400 ml **reines Wasser**
1 TL **Gewürzmischung** mit Ceylonzimt, Chili, Kurkuma und Ingwer
1 TL **Matchapulver**
1 EL **Birnendicksaft**
1 **Avocado**
1 **Zitrone** oder **Limette**
1 **Apfel**
1 **Banane**
50 g **Nelkenwurz-Blätter**

Zubereitung

Aus den Zutaten im Mixer einen Smoothie bereiten wie auf der vorderen Buchklappe und Seite 7 beschrieben.

Rezeptvarianten

V1 Fruchtiger und leichter wird der Smoothie mit einer Orange statt der Avocado.

V2 Für eine südamerikanische Variante 1 TL Guaranapulver statt dem japanischen Matchapulver verwenden.

Geum urbanum

NELKENWURZ

Vorkommen

→ häufig im Unterholz von Laub- und Mischwäldern
→ an Waldrändern
→ in Hecken und Gebüschen
→ an halbschattigen Standorten in Gärten und Parks

Merkmale & Aussehen

bis zu 70 cm hohe, mehrjährige Staude · bildet am Boden mit gefiederten Blättern eine grundständige Blattrosette aus · Blätter an den Stängeln meist dreiteilig, seltener auch ein- oder fünfteilig, am Blattgrund ein Paar rundliche Nebenblätter · alle Blätter tiefgrün, etwas derbe Konsistenz, behaart, gezähnter Rand · kleine, gelbe, fünfzählige Blütenblätter · runde, mit langen Widerhaken versehene Früchte („Klettfrüchte")

Typisch: *Die Wurzel riecht beim Zerreiben stark nach Gewürznelken: Im Herbst geerntet, wird sie traditionell als Ersatz für dieses Gewürz verwendet.*

Sammeltipps

Im Winter ist die Nelkenwurz eine leicht zugängliche und verlässliche Quelle für wertvolles Smoothie-Grün. Die Blätter sind von etwas derber Konsistenz, was jedoch im Smoothie nicht mehr spürbar ist. Im März/April sind sie zarter und können auch als Zutat für Salate oder Gemüsegerichte genutzt werden. Auch Blüten und Knospen sind essbar. Die stark aromatischen Wurzeln können beispielsweise als Würze für Suppen mitgekocht und für Gewürztee genutzt werden.

Weitere Hinweise

Die nah verwandte Bach-Nelkenwurz *(Geum rivale)* ist ebenso verwendbar.

Extratipp Die Zugabe von belebendem Matcha- oder Guaranapulver ist nicht auf die Kombination mit Nelkenwurz begrenzt. Auch alle anderen hier beschriebenen Smoothies lassen sich damit als „Grünen Weckruf" zubereiten – was beispielsweise in den Morgenstunden einen Kaffee ersetzen kann.

ganzjährig grün

Blätter, Blüten, Knospen und Wurzeln

bis zu 18 % Gerbstoffe in der Wurzel, im Rhizom bis zu 28 % · ätherisches Öl (v. a. Eugenol, besonders in der Wurzel)

wirkt regulierend auf das Verdauungssystem sowie auf Leber und Galle · ätherisches Öl wirkt antiseptisch und analgetisch · die Wurzel bei Durchfall, als Gurgelmittel bei Entzündungen von Mundschleimhaut und Zahnfleisch

In unüblich großen Mengen genossen kann es zu Erbrechen kommen.

Dem Smoothie etwas Kreuzkümmelpulver hinzufügen.

Rainkohl-Smoothie

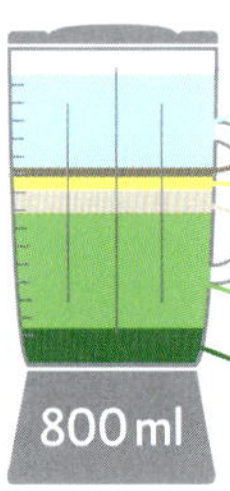

400 ml **reines Wasser**
20 g **Chiasamen**
1 **Zitrone** oder **Limette**
1 **Banane**
400 g **Kopfsalat**
50 g **Rainkohl** (Blätter und Blüten)

Zubereitung

Aus den Zutaten im Mixer einen Smoothie bereiten wie auf der vorderen Buchklappe und Seite 7 beschrieben.

Rezeptvarianten

V1 Fruchtiger, milder und süßer wird der Smoothie durch die Zugabe von 200 ml Mandel-, Hafer- oder Haselnussmilch (statt 200 ml Wasser). Zusätzlich einen Apfel und ein bis drei Datteln dazugeben.

V2 Für eine Sommersuppe **(Gazpacho)** eine Avocado anstelle der Banane verwenden. Eine Knoblauchzehe und nach Geschmack Salz, Pfeffer oder Chilipulver dazugeben.

Lapsana communis

RAINKOHL

Vorkommen

→ entlang von Waldwegen, am Waldrand
→ im Halbschatten bei Hecken
→ häufig in naturnahen Gärten und Parks

Blätter: April bis Juni
Blüten: Juni bis August

Blätter und Blüten

Schleimstoffe · Bitterstoffe

verdauungsfördernd · den Stoffwechsel anregend

Vorsicht bei einer Überempfindlichkeit gegenüber Korbblütengewächsen.

Dem Smoothie 1 TL Chlorella-Algenpulver hinzufügen.

Merkmale & Aussehen

bis zu 1 m hohe, einjährige, streng aufrecht wachsende Pflanze, die erst im oberen Drittel verzweigt · die ganze Pflanze enthält Milchsaft und ist etwas behaart · variable Blattformen: unten mehrteilige Blätter mit kleinen, paarigen Lappen und einem deutlich größeren Endabschnitt; weiter oben kleinere, einteilige, oval zugespitzte Blätter; ganz oben noch kleinere, schmal lanzettförmige Blättchen · Blätter ganzrandig, gewellt oder grob gezähnt · zahlreiche, relativ kleine, hellgelb blühende Korbblütchen in einem rispigen Blütenstand

Typisch: *Der Rainkohl lässt sich schon im Frühjahr als kleines Pflänzchen an der charakteristischen, mehrteiligen Form der unteren Blätter erkennen.*

Sammeltipps

Geerntet werden die jungen Blätter im Frühjahr; sie schmecken würzig und leicht bitter. Später im Jahr werden sie faserig. Zwischen April und Mai können Sie auch die Triebspitzen und Sprossen roh als Salat oder im Smoothie zubereiten. Die milden Blüten und Knospen sind ebenfalls essbar.

Weitere Hinweise

Der Rainkohl ist vermutlich einer der Urahnen des Kopfsalats. Am deutlichsten wird die nahe Verwandtschaft, wenn man einen „geschossenen" und blühenden Kopfsalat betrachtet: Der straff aufrechte Wuchs, die Verzweigungen im oberen Bereich und die Blütenform sehen dem Rainkohl dann sehr ähnlich!

Extratipp Die würzigen Rainkohlblätter eignen sich auch gut für ein **Pesto:** Dazu zwei Handvoll junge Blätter mit einer Handvoll Mandeln oder Haselnuss- oder Walnuss-/Baumnusskernen, Salz und Pfeffer, 1 Prise Rohrohrzucker, 1 TL Zitronensaft sowie 50 ml hochwertigem Olivenöl in einem kleinen Mixbehälter zu Pesto verarbeiten.

Sanddorn-Smoothie

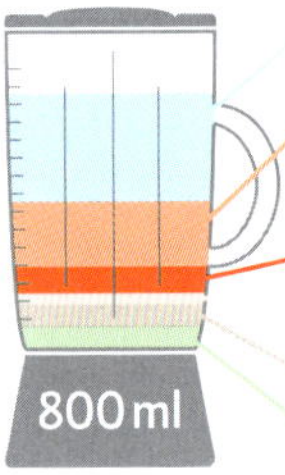

400 ml **reines Wasser**
200 ml reiner, ungesüßter **Sanddornsaft / Muttersaft** (siehe Rezeptvarianten)
4 TL **Sanddorn-Fruchtfleischöl**
2–3 EL **Birnen-** oder **Agavendicksaft**
1 **Banane**
1 **Apfel** oder **Birne**

Zubereitung

Aus den Zutaten im Mixer einen Smoothie bereiten wie auf der vorderen Buchklappe und Seite 7 beschrieben.

Rezeptvarianten

V1 Selbstsammler verwenden 400 g frische Sanddornbeeren anstelle des angegebenen Sanddornsaftes (200 ml).

V2 Für mehr Süße eine weitere Birne oder vier Datteln hinzufügen.

Hippophae rhamnoides

SANDDORN

Vorkommen

→ auf sandigen, vollsonnigen Standorten an den Küsten von Nord- und Ostsee
→ auf Uferböschungen und Schotterfelsen von naturnah fließenden Flüssen
→ in lichten und trockenen Kieferwäldern
→ an Kiesgruben, auf Ödland

Merkmale & Aussehen

3–6 m hoher Strauch oder kleiner Baum · Wuchs aufrecht, sparrig und unregelmäßig · Äste mit spitzen Sprossdornen · Blätter wechselständig, lang lanzettlich, Blattunterseite weißsilbrig mit weißen Haaren, Blattränder oft eingerollt · zweihäusiges Gewächs mit kleinen, unscheinbaren, bräunlichen Blüten · weibliche Pflanzen bilden orangerote Beeren aus

***Typisch:** Auffällig sind die intensiv orangeroten Beeren, die oft üppig zusammenstehen. Sie sind oval, 6–8 mm lang und saftig.*

Sammeltipps

Das Sammeln der Sanddornbeeren ist nicht so einfach, da die reifen Beeren leicht aufplatzen und die Sträucher mit Dornen bewehrt sind. Eine Möglichkeit ist, die Sträucher mit Folien zu unterlegen und die Beeren abzuschütteln, abzuschlagen oder abzustreifen. Alternativ können das Fruchtholz oder ganze Zweige abgeschnitten und schockgefrostet werden (ca. –38 °C): Dann lassen sich die Beeren unbeschädigt abschlagen und weiterverwenden. Auf diese Weise lässt sich jedoch nur jedes zweite Jahr ernten, da sich der Strauch zwischenzeitlich erholen muss.

Weitere Hinweise

Hochwertiger Sanddorn-Muttersaft, wie er hier im Rezept verwendet wird, ist reiner Saft ohne Zuckerzusatz. Man trinkt ihn nicht pur, sondern nur verdünnt. Sie können ihn direkt von deutschen Plantagen beziehen oder im Naturkost- und Reformwarenhandel kaufen.

September und Oktober

Beeren

mit der Hagebutte zusammen unsere Vitamin-C-reichste Frucht · reich an Folsäure, Vitamine A und E, B-Vitamine · Kalzium, Magnesium · Flavonoide · Karotinoide, Phytosterole, mehrfach ungesättigte Fettsäuren

Stärkung des Immunsystems · allgemeine Kräftigung · bei Kreislaufschwäche und Erschöpfung · konzentrationsfördernd · Anti-Aging-Effekt · pflegt und heilt die Haut · unterstützt die Sehkraft

Der Sanddorn kann mit dem giftigen Seidelbast *(Daphne mezereum)* verwechselt werden: Dessen Blattunterseiten sind jedoch blaugrün und nicht weiß behaart. Seine Blüten sind rosafarben und – am auffälligsten – die Beeren sind nicht orange, sondern rot!

Ergänzend 1 TL Manuka-Honig hinzufügen.

Extratipps Das an antioxidativen Karotinoiden reiche Sanddorn-Fruchtfleischöl eignet sich auch pur als Nahrungsergänzung (1–2 TL täglich). Äußerlich wird es traditionell zur Wundheilung, Narbenpflege und zum Schutz vor starker UV-Strahlung genutzt (Öl mit natürlichem LSF von 2,4–3,2).

Smoothie mit Sommerlinde

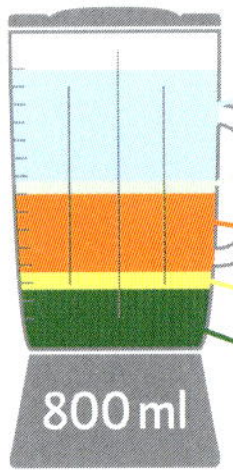

- 400 ml **reines Wasser**
- 2 EL **Birnen-** oder **Agavendicksaft**
- 4 **Orangen**
- 1 **Limette** oder ½ **Zitrone**
- 100 g junge **Lindenblätter**

Zubereitung

Aus den Zutaten im Mixer einen Smoothie bereiten wie auf der vorderen Buchklappe und Seite 7 beschrieben.

Rezeptvarianten

V1 Für eine **Dessertcreme** 2 EL Chiasamen mitmixen, zusätzlich mit 2 EL Birnen- oder Agavendicksaft süßen.

V2 Für einen **„Baum-Smoothie"** den Dicksaft durch Ahornsirup ersetzen und jedes Glas mit 1 TL gehackter Zedernnüsse bestreuen.

SOMMERLINDE

Vorkommen

→ in wintermilden Regionen
→ in feuchten Laub- und Mischwäldern
→ als Park- und Alleebaum
→ auf Friedhöfen

Ende April bis Ende Juni

junge Triebe und Blätter, Knospen und Blüten

Blätter: reich an Chlorophyll und Schleimstoffen
Blüten: ätherische Öle · Schleimstoffe · Flavonoide · Gerbstoffe

basisch · Blüten als Tee bei Erkältungskrankheiten, gegen Husten, schweißtreibend

Den Smoothie mit 1 Msp Matchapulver, geschälten Hanfsamen oder gehackten Zedernnüssen verfeinern.

Merkmale & Aussehen

bis zu 40 m hoher Baum · Blätter 5–15 cm lang und fast genauso breit, gesägter Blattrand, flaumig-weich durch feine Haare auf der Ober- und Unterseite · kleine weiße Haarbüschel auf der Blattunterseite, in den Winkeln der Blattnerven (keine Wollläuse!) · gelbweiße Blüten mit weißgrünem Hochblatt, in Trugdolden · kugelige, behaarte Früchte

***Typisch:** Die Blätter der Sommerlinde sind herzförmig. Nach der Erntezeit für Blätter und Knospen erscheinen ab Juni die auffälligen, gelb-weißen Blüten mit starkem Duft. Sie werden getrocknet und als Erkältungstee genützt.*

Sammeltipps

An Waldbäumen befinden sich die Blätter meist unerreichbar weit oben. Daher sucht man besser Waldränder auf oder sammelt an einzeln stehenden und tief beasteten Bäumen in Parks und Alleen. Besonders ergiebig sind die für Linden typischen Stockausschläge (Triebe direkt am Stamm): Sie liefern bis weit in den Juni hinein junge, zarte Blätter. Das Abernten der Stockausschläge schädigt den Baum in keiner Weise – Sie helfen damit sogar den Stadtgärtnern bei der Baumpflege.

Weitere Hinweise

Die jungen, vor der Blüte geernteten Lindenblätter schmecken mild-nussig und zart; sie passen gut in einen **Salat.** Auch die Blätter der Winterlinde *(Tilia cordata)* sind essbar. Sie sind ebenfalls herzförmig, jedoch kleiner, derber und an der Blattoberseite unbehaart. Die feinen Haarbüschel auf der Unterseite (in den Winkeln der Blattnerven) sind im Unterschied zur Sommerlinde rostrot bis braun gefärbt.

Extratipp Mischen Sie während der kurzen Zeit der Lindenblüte (etwa Ende Juni bis Anfang Juli) auch die duftenden und wunderbar aromatischen Lindenblüten in den Smoothie! Dazu im Rezept einfach ein Drittel bis die Hälfte der Lindenblätter durch Blüten ersetzen. Die Blüten nicht waschen: Es genügt, sie auszuschütteln und auf Insekten zu kontrollieren.

Vogelmiere-Smoothie

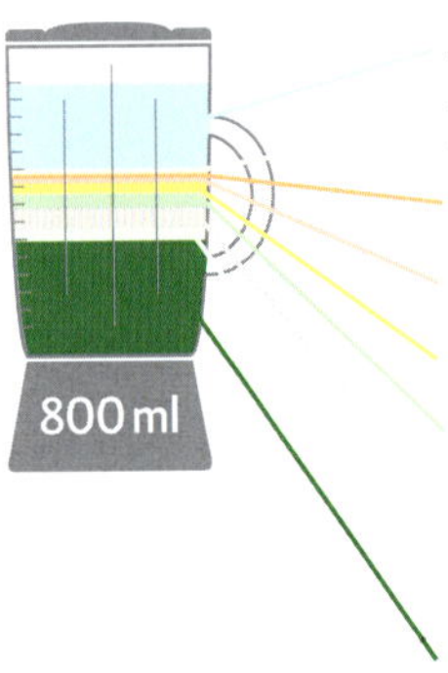

400 ml **reines Wasser**
1 TL **Ingwerpulver**
1 TL **Kurkuma**
2 Msp **Chilipulver**
1 **Limette**
1 **Apfel**
1 **Banane**
½ **Avocado**
200 g **Vogelmiere** (Triebspitzen)

Zubereitung

Aus den Zutaten im Mixer einen Smoothie bereiten wie auf der vorderen Buchklappe und Seite 7 beschrieben. Mit einigen Vogelmiere-Blüten garnieren.

Rezeptvarianten

- V1 Limette statt Zitrone verwenden.
- V2 Statt der Banane eine reife Birne oder vier bis sechs entsteinte Datteln verwenden.

Stellaria media

VOGELMIERE

Vorkommen

→ häufiges Beikraut im Garten und in Pflanzgefäßen
→ auf Äckern, feuchten Wiesen und Brachland
→ an Wald- und Wegrändern
→ bei Mauern und Zäunen

Merkmale & Aussehen

maximal 20 cm hohe, einjährige, krautige Pflanzen · bilden mit ihren flach wachsenden Trieben ganze Polster aus · Blätter gegenständig, eiförmig, deutlich zugespitzt, frischgrün mit glattem Rand · aus den Blattachseln wachsen teilweise weitere Seitenzweige · Triebe rund, bis auf eine längs verlaufende Haarreihe unbehaart · weiße Blüten

***Typisch:** Die weißen, fünfzähligen Blütenblätter sehen wie kleine Sterne aus. Sie sind fast vollständig geteilt, sodass der Eindruck von jeweils zehn Blütenblättern entsteht.*

Sammeltipps

An guten Standorten kann man in der frostfreien Zeit ganze Büschel der saftigen Triebe mit einer Schere abschneiden. Im Winter und an schwächer wachsenden Pflanzen werden die grünen Triebspitzen einzeln abgezupft. Die zarten Triebe können bei Wärme und starker Sonneneinstrahlung nach der Ernte schnell welken: am besten während des Transports in ein feuchtes Tuch einschlagen und im Kühlschrank lagern.

Weitere Hinweise

Vogelmiere kann auch leicht selbst ausgesät werden. Im Garten verbreitet sie sich oft sehr rasch. Die Wildpflanze wächst besonders gut auf halbschattigen Gartenbeeten, in Töpfen und Blumenkästen mit nährstoffreicher Erde sowie auf dem Komposthaufen. Die Pflanzerde gut feucht halten! Vogelmiere enthält keinerlei Gerb- oder Bitterstoffe. Ihr Geschmack ist daher angenehm mild und wird oft mit dem von jungen Erbsen, Zuckermais oder Kopfsalat verglichen.

ganzjährig

ganze Triebspitzen (die oberen 3–6 cm), auch mit Blüten und Fruchtkügelchen

viel Kalzium, Kalium und Magnesium · sehr reich an Eisen · Vitamine A, B_1, B_2, B_3 und C

verdauungsfördernd · entgiftend · basisch · gut als Frühjahrskur · entzündungshemmend · schleimlösend

Zusätzlich 1–2 TL frisch geriebenen Ingwer in den Smoothie geben.

Extratipp Für eine kalte **Sommersuppe** (Gazpacho) die Banane durch eine halbe Salatgurke ersetzen, mit Salz, Pfeffer und Knoblauch abschmecken.

Extratipp Die jungen Blätter und Triebspitzen der Wald-Engelwurz eignen sich sehr gut zur Herstellung eines aromatischen grünen Smoothies! Dazu verwendet man sie wie Gierschblätter, allerdings nur als aromatische Beimischung. Beim Rezept auf Seite 34 die Hälfte des Gierschs durch das Grün der Wald-Engelwurz ersetzen.

Waldeis am Stiel

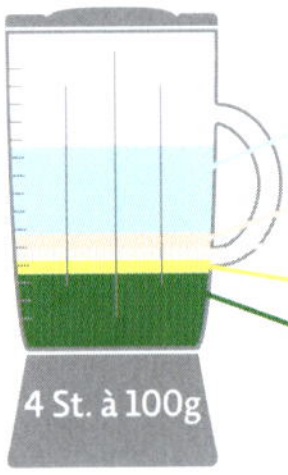

350 ml **reines Wasser**
2 EL **Ahornsirup**
2 EL **Rohrohrzucker**
1 **Limette**
50 g **Engelwurz** (junge Blätter und Blattstiele)

Zubereitung

Alle Zutaten im Mixer zubereiten wie auf der vorderen Buchklappe und Seite 7 beschrieben. In saubere Eisformen einfüllen und gefrieren lassen.

Rezeptvariante

- v Die gemixten Zutaten in Eiswürfelbehälter füllen, gefrieren lassen und zu Drinks servieren. Diese **aromatischen Eiswürfel** passen gut zu Aperol Spritz, Campari, Orangensaft, in Zitronen-, Holunderblüten- und Lindenblütenlimonade.

Angelica sylvestris

WALD-ENGELWURZ

Vorkommen

→ in lichten Wäldern
→ auf feucht-nassen Lichtungen
→ an Waldrändern
→ auf Feuchtwiesen
→ in Auen und Uferbereichen

Merkmale & Aussehen

bis zu 1,5 m hohe, meist zweijährige Pflanze · Stängel rund, innen hohl, fein gerillt, im oberen Bereich teils rötlich überlaufen · Einzelblätter dunkelgrün, eiförmig bis oval, zugespitzt, rau, unterseits behaart, fein gesägt · zwei- bis dreifach gefiederte Blätter, ergeben im Gesamtumfang eine dreieckige Form, bis zu 55 cm groß · Blüten erst grünlich weiß, später weiß bis rötlich; üppige, bis zu 20 cm große Doppeldolden

***Typisch:** Auffällig sind die bauchigen, stängelumfassenden Blattscheiden am Grund der Blätter. Auf den Blattstielen der Wald-Engelwurz verläuft auf der Oberseite längs eine Rinne.*

Sammeltipps

Die verwandte Echte Engelwurz *(Angelica archangelica)* ist in Mitteleuropa selten geworden und sollte daher nicht gesammelt werden. Die jungen Triebe, zarten Blätter und Stängel der Wald-Engelwurz passen als Zutat für Salate und Obstsalate, als kandierte Süßigkeit oder in Gemüsesuppen (siehe Seite 78: Strauß, Markus: „Köstliches von Sumpf- und Wasserpflanzen"). Die Wurzeln schmecken als Likör und in Gemüsegerichten.
Die grünen Samen und die Blüten eignen sich als würzige Zutat in grünen Smoothies, jedoch nur in kleinen Mengen. Besonders die grünen Samen sind sehr aromatisch. Für 800 ml genügt 1 TL grüne Samen oder 1 Handvoll Blüten.

Weitere Hinweise

Die Wald-Engelwurz kann auch gut im eigenen Garten angesiedelt werden: Die dekorative, pflegeleichte Pflanze gedeiht in halbschattigen Lagen auf feuchtem, nährstoffreichem Boden, beispielsweise am Rand eines Teichs. Jungpflanzen erhält man in gut sortierten Staudengärtnereien oder indem man sich im Herbst Saatgut aus dem Wald besorgt.

junge Blätter: März bis Juni
Blüten und grüne Samen: Juli bis September
Wurzeln: September bis März

junge Blätter und Blattstiele, Blüten, grüne Samen, Wurzeln

ätherische Öle · Bitter- und Gerbstoffe · Furocumarine

altbewährte Heilpflanze · traditioneller Bestandteil von Kräuter- und Bitterlikören · bei Magen-Darm-Krämpfen (v. a. durch Stress, Blähungen, Völlegefühl) · zur Anregung von Verdauung und Bauchspeicheldrüse · Ausgleich des Säure-Basen-Haushalts · Anregung des Stoffwechsels · zur allgemeinen Stärkung · antimikrobiell

Auch bei der Wald-Engelwurz besteht Verwechslungsgefahr mit ähnlichen Doldenblütlern (siehe Seite 56). Der Pflanzensaft enthält Furocumarine (siehe Seite 77 „Weitere Hinweise").

Zusätzlich 1 cm Ingwer oder ½ TL Ingwerpulver mitmixen.

Erdbeer-Schicht-Dessert

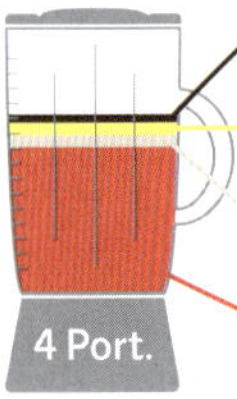

ROTE SCHICHT

1 **Vanillestange**, ausgekratztes Mark
½ **Limette** oder **Zitrone**, Saft
2 EL **Birnendicksaft**
400 g (Wald-)**Erdbeeren** ohne Strünke (siehe grüne Schicht)

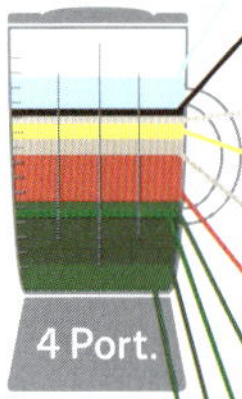

GRÜNE SCHICHT

50 ml **reines Wasser**
1 ½ TL **Kakaopulver** (schwach entölt)
1 EL **Birnendicksaft**
½ **Limette** oder **Zitrone**, Saft
2 EL **Mandelmus**
100 g (Wald-)**Erdbeeren** mit Strünken (grüne Kelchblätter)
2 Stängel **Minze**, abgezupfte Blätter
2 Stängel **Zitronenmelisse**, abgezupfte Blätter
Strünke der 400 g **Wald-Erdbeeren** (von der roten Schicht)
4 **Wald-Erdbeerblätter**

Zubereitung

Beide Schichten getrennt voneinander im Mixer zubereiten wie auf der vorderen Buchklappe und Seite 7 beschrieben. Erst die grüne, dann die rote Schicht in Dessertgläser schichten und eine Stunde kalt stellen.

Fragaria vesca

WALD-ERDBEERE

Vorkommen

→ an sonnigen Waldrändern und -wegen
→ in lichten Wäldern, auf Lichtungen
→ auf der Sonnenseite von Hecken und Gebüschen

Merkmale & Aussehen

5–20 cm hohe, mehrjährige, wintergrüne Pflanze · Blätter dreigeteilt mit gezähntem Blattrand, Oberseite grün, Unterseite weißlich bis graugrün und silbrig behaart · fünf weiße Blütenblätter · Sammelnussfrüchte mit sichtbaren Nüsschen (Samen) auf der Oberfläche

Typisch: *Im Unterschied zur ebenfalls häufigen, ungiftigen, aber geschmacklosen Indischen Schein-Erdbeere (Potentilla indica) weisen Wald-Erdbeeren weiße Blüten und hängende, sehr aromatische Früchte auf.*

Sammeltipps

Pflücken Sie nur voll ausgereifte Erdbeeren, die sich ganz leicht von der Pflanze ablösen lassen. Wenn man für Smoothies den grünen Strunk mitverarbeitet, erntet man Wald-Erdbeeren mit einer Schere, weil das Grün beim Pflücken an der Pflanze verbleibt. Frisch gesammelte Wald-Erdbeeren sind nicht lagerfähig und sollten sofort verarbeitet werden.

Weitere Hinweise

Wald-Erdbeeren und Kultur-Erdbeeren sind anspruchslos und pflegeleicht; sie können problemlos im Garten und in Töpfen, Kübeln und Hängeampeln gezogen werden.

Extratipp Erdbeeren sind ein köstlicher und wirkungsvoller Bestandteil einer Entgiftungs- und Entschlackungskur.

Juni bis Juli

Früchte, Strünke und junge Blätter

Blätter: Gerbstoffe · Flavonoide · Salicylsäure
Früchte: reich an Vitamin C (mehr als Zitrone) · B-Vitamine und Vitamin K · Folsäure, Kalzium, Kalium, Magnesium, viel Eisen, Mangan, Zink, Kupfer · Salicylsäure · Flavonoide · Fruchtsäuren

Blätter: harntreibend · adstringierend (z. B. als Gurgelmittel) · entzündungshemmend · basisch · entgiftend
Früchte: zur allgemeinen Stärkung · regen die Nieren an · entgiftend und entwässernd · stärken Leber und Galle · unterstützend bei rheumatischen Beschwerden

Erdbeeren und Wald-Erdbeeren können bei Säuglingen (durch die Muttermilch), Kleinkindern und dafür empfindlichen Personen manchmal Hautausschläge auslösen.

Das Dessert oder den Smoothie mit rohen, fein gehackten Kakaobohnen garnieren.

Himbeercreme mit Gundermannpesto

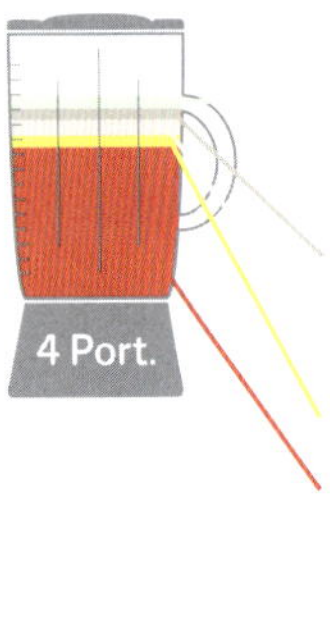

HIMBEERCREME

(kein Wasser!)

2 EL **Birnen-** oder **Agavendicksaft**

25 g **Chiasamen**

1 **Banane**

1 **Zitrone** oder **Limette**

500 g **(Wald-)Himbeeren**

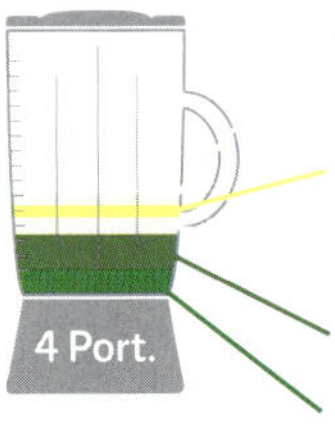

GUNDERMANNPESTO

2 EL **Birnen-** oder **Agavendicksaft**

½ **Zitrone** oder **Limette**

40 g **Cashewkerne**

10–15 **Gundermannblätter**

8 Blätter **Spinat** (oder 1 TL **Spinatpulver** + 3 TL **Wasser**)

Zubereitung

Beide Schichten getrennt voneinander im Mixer zubereiten wie auf der vorderen Buchklappe und Seite 7 beschrieben. Eventuell für das Pesto einen kleinen Mixer verwenden. Die Creme mit dem Pesto auf Desserttellern anrichten.

WALD-HIMBEERE

Vorkommen

→ in lichten Wäldern
→ an Waldrändern
→ in Massenbeständen auf Kahlschlag-, Sturmbruch-, oder Aufforstungsflächen
→ bei Hecken und Feldgehölzen

Merkmale & Aussehen

1–2 m hohe Halbsträucher · schwach bedornte, aufrechte Triebe, die Spitzen hängen meist bogig über · Blätter wechselständig, gesägt, eiförmig spitz, Unterseite weißfilzig, leicht behaart, teilweise mit Stacheln besetzt · weiße Blüten in Trugdolden, jeweils fünf weiße Blütenblätter · Beeren gedeihen vor allem an den zweijährigen, verzweigten Trieben

***Typisch:** Im Unterschied zu wilden Brombeeren, mit denen sie leicht verwechselt werden können, besitzen Wald-Himbeeren weißfilzige Blattunterseiten. Ihre Stacheln sind feiner, weicher und schwarzrot gefärbt.*

Sammeltipps

Es lohnt sich, nach Massenbeständen von Wald-Himbeeren Ausschau zu halten, etwa im Rahmen einer Wanderung. An solchen Stellen lassen sich schnell kiloweise Beeren ernten! Dabei nur die vollreifen Beeren sammeln, die sich leicht vom innen liegenden Zapfen ablösen.
Wie Brombeerblätter lassen sich auch junge Himbeerblätter gut für einen grünen Smoothie verwenden.

Weitere Hinweise

Die Sorte „Autumn Bliss" eignet sich besonders gut für den Anbau in einem naturnahen Garten. Diese pflegeleichte Himbeere trägt im Herbst reichlich Beeren an den einjährigen Trieben. Aufwendige Pflegeschnitte entfallen: Man mäht oder schneidet die Pflanzen im Winter einfach komplett ab.

Extratipp Für einen rohköstlichen **Fruchtaufstrich** 200 g Himbeeren, eine reife Banane, 1 TL Zitronensaft, 1 EL Ahornsirup und ½ TL Johannisbrotkernmehl im Mixer pürieren (im Kühlschrank drei bis vier Tage haltbar).

Blätter: März bis Mai
Beeren: Juni bis August

Beeren und Blätter

Beeren: B-Vitamine · Vitamin C und E · Flavonoide · reichlich Eisen, Magnesium, Kalium, Kalzium, Zink · Antioxidanzien viele Ballaststoffe · Fruchtsäuren
Blätter: Vitamin C und E · Kalium, Magnesium, Mangan, Eisen · Gerbstoffe · Flavonoide

Beeren: antioxidativ · harntreibend · verdauungsfördernd
Blätter: bei Entzündungen in Mund und Rachen · gegen Durchfall · in Schwangerschaft und Wochenbett

Die Zugabe von etwas Chilipulver, geriebenem Ingwer und Zimt regt den Stoffwechsel an und passt gut zu den Aromen der Wald-Himbeere.

Smoothie mit Rauke

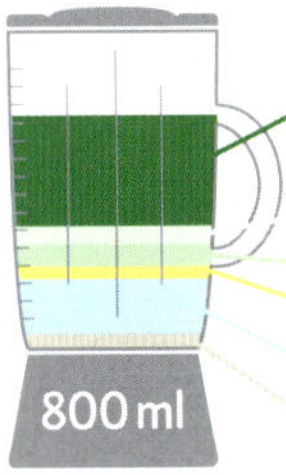

300 g **Weg-Rauke** oder **Rucola** (Blätter)
½ **Salatgurke**
2 **Birnen**
1 **Limette** oder **Zitrone**
200 ml **reines Wasser**
4 **Walnuss-/Baumnusskerne**

Zubereitung

Aus den Zutaten im Mixer einen Smoothie bereiten wie auf der vorderen Buchklappe und Seite 7 beschrieben.

Rezeptvariante

v Für ein **Pesto** 300 g Rauke oder Rucola mit einer halben Zitrone, 14 Walnuss-/Baumnusskernen, einer Knoblauchzehe, 100 ml hochwertigem Olivenöl, 1 TL Birnen- oder Agavendicksaft, Salz und Pfeffer mixen.

WEG-RAUKE

Vorkommen

→ häufig auf Brachflächen, Ödland und Baustellen
→ an Wegrändern
→ auf steinigen, sandigen Böden in Gärten, Wiesen und Feldern

Blätter und Triebspitzen: April bis Juli
Blüten: Mai bis August
Samen: September bis Oktober

junge Blätter, Triebspitzen, Blüten und Samen

Senfölglykoside · Vitamin C · ätherisches Öl · Eisen · Gerbstoffe

antibiotische Wirkung · bei Entzündungen von Hals, Rachen und Atmungsorganen · gegen Heiserkeit („Sängerkraut")

Nicht in unüblichem Übermaß oder länger als sechs Wochen einnehmen (siehe Seite 11).

Dem Smoothie 1 TL Spirulina-Algenpulver hinzufügen.

Merkmale & Aussehen

bis 60 cm hohe, einjährige, starkwüchsige Pionierpflanze · sparrige Wuchsform im oberen Bereich mit verzweigten Trieben · typische, längliche, in mehrere paarige und einen größeren, endständigen Lappen gegliederte Blätter, gesägt · Blattrosette in Bodennähe, Blätter nach oben hin kleiner und schmaler · kleine, blassgelbe, vierzählige Blüten in traubigen Blütenständen · schmale, behaarte, lang gestielte Samenschoten

***Typisch:** Die relativ langen Seitentriebe der Weg-Rauke kommen aus den Blattachseln und stehen starr von der Pflanze ab, was ihr ein insgesamt sparriges, steifes Aussehen verleiht. Am Ende der Triebe erscheinen die kleinen, gelben Blüten.*

Sammeltipps

Junge Raukenblätter schmecken noch relativ mild und ähnlich wie Kresse, besitzen aber auch schon einen recht starken Eigengeschmack. Ältere Blätter werden zunehmend scharf. Die frischen, klein gehackten Blätter eignen sich gut als Beigabe zu Salat, Kräuterquark oder -butter sowie als Würze für Suppen und Saucen. Auch Blüten und Samen sind essbar; letztere können als pikantes, senfähnliches Gewürz verwendet werden.

Weitere Hinweise

Die wild wachsende Weg-Rauke ist eine enge Verwandte der Kulturpflanze „Rucola" mit einem ähnlich pikanten Aroma. Die Blätter der Wildpflanze sind in der Regel etwas bissfester. Für die Rezepte hier und viele anderen Zubereitungen können sowohl die Kultur- als auch die Wildpflanze verwendet werden.

Extratipp Rauke lässt sich gut in Töpfen und Kästen auf Balkon und Terrasse kultivieren. Sie wächst sehr schnell, sodass man schon bald ernten kann. Im Garten sät sie sich leicht selbst aus, wenn man sie lässt. Die Samen aus den Schoten können im Winter auch gut als Sprossen auf der Fensterbank gezogen werden.

Extratipp Der Wiesen-Bärenklau gilt wie Brennnesselsamen und Chili als Aphrodisiakum. Für einen Liebes-Smoothies statt der Indischen Flohsamenschalen 2 EL Brennnesselsamen und 1 Msp Chilipulver mitmixen.

Smoothie mit Bärenklau

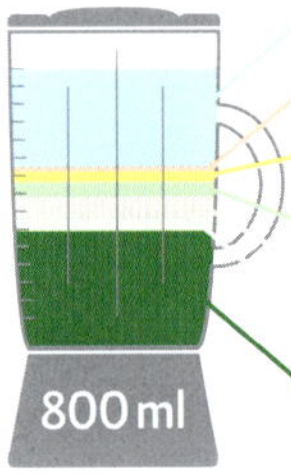

- 600 ml **reines Wasser**
- 1 cm **Ingwer** oder ½ TL **Ingwerpulver**
- 1 TL **Indische Flohsamenschalen**
- 1 **Apfel**
- ½ **Zitrone**
- 2 getrocknete **Feigen**
- 80 g **Wiesen-Bärenklau** (Blätter und Triebspitzen)

Zubereitung

Aus den Zutaten im Mixer einen Smoothie bereiten wie auf der vorderen Buchklappe und Seite 7 beschrieben.

Rezeptvarianten

V1 Die Feigen durch ein bis drei Datteln oder 2 EL Rosinen ersetzen.

V2 Für eine kalte Sommersuppe **(Gazpacho)** Feigen und Flohsamenschalen weglassen, stattdessen eine halbe Salatgurke, eine halbe Avocado und eine Knoblauchzehe dazugeben, mit Salz und Pfeffer abschmecken, dann mit Rotkohlsprossen und Sesamsaat überstreuen.

Heracleum sphondylium

WIESEN-BÄRENKLAU

Vorkommen

→ feuchte Wiesen in der Nähe von Bach- und Flussläufen mit nährstoffreichen Böden
→ entlang von Gräben
→ an Ufersäumen

Merkmale & Aussehen

meist 50–60 cm, teilweise bis 150 cm hohe, mehrjährige Staude · Stiele, Stängel und Blattoberseiten kräftig und borstig behaart · Stängel kantig gefurcht und innen hohl · Stiele teils rötlich überlaufen · Blätter graugrün, wechselständig angeordnet, gelappt, nicht in sich geteilt, mit grob gezähntem Blattrand · weiße Blüten in doppeldoldigem Blütenstand

***Typisch:** Auffällig sind die großen, bauchig aufgeblasenen Blattscheiden am Ansatz der Blattstiele, die als Knospenschutz für die jungen Blätter und Blüten dienen.*

Sammeltipps

Neben den jungen Blättern und Triebspitzen sind auch die bauchigen Blattscheiden ein begehrtes Erntegut. Junge Pflanzenteile sind zart und saftig; sie schmecken auch als Rohkost sehr gut (siehe Seite 78: Strauß, Markus: „Köstliches von Sumpf- und Wasserpflanzen").

Weitere Hinweise

Wie bei allen weiß blühenden Doldenblütlern besteht eine potenzielle Verwechslungsgefahr mit anderen, teilweise stark giftigen Arten aus dieser Familie (siehe Seite 56). Dies gilt auch für den großen und gefährlichen Bruder des Wiesen-Bärenklaus, den Riesen-Bärenklau *(Heracleum mantegazzianum)*. Die zu geringeren Anteilen auch im Pflanzensaft des Wiesen-Bärenklaus enthaltenen Furocumarine können bei empfindlichen Personen die Lichtempfindlichkeit der Haut drastisch erhöhen. Dies bedeutet, dass der Hautkontakt mit dem Pflanzensaft bei Sonneneinstrahlung zu Verbrennungen führen kann. Am sichersten ist es daher, beim Ernten und Verarbeiten der Pflanzen Handschuhe zu tragen. Das Verspeisen ist dagegen völlig unbedenklich und sehr gesund!

Hauptsaison: April und Mai; nachwachsende Pflanzen bis September

junge Blätter und Triebspitzen mit Blütenknospen, Blattscheiden, Wurzeln

im Vergleich zu Kopfsalat sechsmal so viel Magnesium, achtmal so viel Kalzium und 20-mal so viel Vitamin C · Kalium · Eisen · Betacarotin · Bitterstoffe · ätherisches Öl mit Furocumarinen

Blätter: verdauungsstärkend · bei Husten und Heiserkeit · zur Blutdrucksenkung · allgemein stärkend
Wurzel: „Europäischer Ginseng" · kräftigend, stimulierend · als Aphrodisiakum · Anti-Aging-Effekt

Verwechslungsgefahr – siehe links

1 TL Moringa-Pulver zu Smoothie oder Suppe geben.

Literatur und weiterführende Adressen

Beiser, Rudi: **Unsere essbaren Wildpflanzen.** Kosmos Verlag, Stuttgart 2014

Bäumler, Siegfried: **Heilpflanzenpraxis Heute.** Elsevier, München 2007

Boutenko, Victoria: **Green for Life.** Hans-Nietsch-Verlag, Emmendingen 2014

Cupillard, Valérie: **Keime & Sprossen – Köstliche Kraftpakete aus der Küche.** Hädecke Verlag, Weil der Stadt 2011

Fleischhauer, S.: **Enzyklopädie der essbaren Wildpflanzen.** AT Verlag, Aarau und München 2003.

Fleischhauer, S.: **Essbare Wildpflanzen.** AT Verlag, Aarau und München 2007.

Burggrabe, Hilmar und Strauß, Markus: **Trinkwasser & Säure-Basen-Balance. Leben im Gleichgewicht. Die Grundlagen jeder Gesundheitsvorsorge.** Natura Viva, Weil der Stadt 2009.

Storl, Wolf-Dieter: **Die Seele der Pflanzen.** Kosmos Verlag, Stuttgart 2013

Strauß, M.: **Die 12 wichtigsten essbaren Wildpflanzen: bestimmen, sammeln und zubereiten.** Natur & Genuss Band 1. Hädecke Verlag, Weil der Stadt 2010

Strauß, M.: **Köstliches von Waldbäumen: bestimmen, sammeln und zubereiten.** Natur & Genuss Band 2. Hädecke Verlag, Weil der Stadt 2010.

Strauß, M.: **Köstliches von Hecken und Sträuchern: bestimmen, sammeln und zubereiten.** Natur & Genuss Band 3. Hädecke Verlag, Weil der Stadt 2011.

Strauß, M.: **Köstliches aus Sumpf- und Wasserpflanzen: bestimmen, sammeln und zubereiten.** Natur & Genuss Band 4. Hädecke Verlag, Weil der Stadt 2013.

Strauß, M.: **Ernteplaner zur Buchreihe Natur & Genuss.** Plakat mit 70 Arten. Hädecke Verlag, Weil der Stadt 2012.

Strauß, M.: **Aronia. Die Zellschutzpflanze für Selbstversorger.** E-Book, Steiner-Verlag, Bad Sachsa 2013.

Strauß, M.: **Sanddorn. Die Vitamin-C-Pflanze für Selbstversorger.** E-Book, Steiner-Verlag, Bad Sachsa 2013.

Stumpf, Ursula: **Heilpflanzen und ihre giftigen Doppelgänger.** Kosmos Verlag, Stuttgart 2014

Die im Folgenden genannten Links sind nur eine kleine Auswahl für den ersten Einstieg ins Thema:
Wildkräuter-Pulver sind noch relativ neu auf dem Markt und es gibt bisher nur eine kleine Anzahl von Versendern, die diese Pulver anbieten. Damit wir Ihnen aktuelle Adressen bieten können, ist für Sie in unserem Leserservice eine Liste von Anbietern kostenlos abrufbar (Mail: leserservice@haedecke-verlag.de · Hädecke Leserservice, Postfach 1203, 71256 Weil der Stadt).
Hinweise zu Wildpflanzenführungen mit dem Autor und saisonale Tipps finden sich auf der Website: **www.dr-strauss.net**
Für die Fortbildung bietet die Hochschule für Wirtschaft und Umwelt in Nürtingen einen Zertifikatslehrgang *Fachberater/in für Selbstversorgung mit essbaren Wildpflanzen* an. Näheres dazu auf der Website **www.hfwu.de,** dort im Bereich Weiterbildung und Zertifikatslehrgänge.
Viele Verbände, Volkshochschulen und botanische Gärten bieten zudem immer wieder Einsteigerkurse zu essbaren Wildpflanzen an (z.B. Naturheilbund).

Über den Autor

Dr. rer. nat. Markus Strauß studierte Geografie, Geologie und Biologie in Heidelberg und promovierte über ein agrarökologisches Thema an der Universität Mainz. Nach Mitarbeit und Leitung verschiedener Forschungsprojekte in den Bereichen Geoökologie, Wasserhaushalt und Agrarökologie in Deutschland, den Anden Südamerikas sowie im Himalaya (Nepal) und in Indonesien lebte er viele Jahre mitten in der Natur auf einem Hof im Südharz. Seitdem beschäftigt er sich intensiv mit essbaren Wildpflanzen. Seit 2012 hat er sich in Süddeutschland niedergelassen und arbeitet von dort aus als Buchautor, Berater und Seminarleiter.

Weitere Informationen über den Autor, seine Publikationen, Seminarangebote und zum neuen Ausbildungslehrgang zum hochschulzertifizierten Fachberater für Selbstversorgung mit essbaren Wildpflanzen (HfWU) finden Sie im Internet unter **www.dr-strauss.net**

Die 12 wichtigsten essbaren Wildpflanzen
bestimmen, sammeln und zubereiten
Bärlauch, Breitwegerich, Brennnessel, Gänseblümchen, Gänsedistel, Giersch, Löwenzahn, Vogelmiere, Schmalblättriges Weidenröschen, Roter Wiesen-Klee und Wiesen-Labkraut.
71 Seiten mit Erntekalender, ca. 41 Natur-, Pflanzen- und Foodbildern sowie historischen Zeichnungen, Klappenbroschur.
ISBN 978-3-7750-0576-0.

Köstliches von Hecken und Sträuchern
bestimmen, sammeln und zubereiten
Berberitze/Sauerdorn, Felsenbirne, Haselnuss, Heckenrose, Schwarzer Holunder, Kirschpflaume, Kornelkirsche, Mispel, Sanddorn, Schlehe/Schwarzdorn, Vogelbeere/Eberesche und Weißdorn.
88 Seiten mit Erntekalender, ca. 50 Natur-, Pflanzen- und Foodbildern sowie historischen Zeichnungen, Klappenbroschur.
ISBN 978-3-7750-0594-4.

Köstliches aus Sumpf- und Wasserpflanzen
bestimmen, sammeln und zubereiten
Bachbunge, Brunnenkresse, Kohldistel, Mädesüß, Schilf, Indisches Springkraut, Wald-Engelwurz, Kleine Wasserlinse, Wiesen-Bärenklau, Wiesen-Knöterich und Wiesen-Schaumkraut.
88 Seiten mit Erntekalender, ca. 60 Natur-, Pflanzen- und Foodbildern sowie historischen Zeichnungen, Klappenbroschur.
ISBN 978-3-7750-0643-9

Köstliches von Waldbäumen
bestimmen, sammeln und zubereiten
Birke, Buche, Eiche, Esskastanie, Fichte/Nadelbäume, Robinie, Sommerlinde, Spitz-Ahorn, Vogelkirsche und Walnuss.
80 Seiten mit Erntekalender, 51 Natur-, Pflanzen- und Foodbildern sowie historischen Zeichnungen, Klappenbroschur.
ISBN 978-3-7750-0585-2.

Ernteplaner
Mit Natur & Genuss durchs Jahr
Übersichtlicher Selbstversorger-Ernteplaner als Poster für die Küche, basierend auf der Buchreihe „Natur & Genuss". Der praktische Planer zeigt auf einen Blick, was wann gesammelt werden kann: essbare Blüten, Blätter, Wurzeln, Knospen und Früchte von Wildpflanzen, Waldbäumen, Hecken und Sträuchern, Sumpf-und Wasserpflanzen. Mattcellophaniertes Poster DIN A2, Bestellnr. 26904.